历史的丰碑

丛书

文学艺术家卷

与命运苦争的艺术家
凡·高

马　录　编著

吉林人民出版社

图书在版编目(CIP)数据

与命运苦争的艺术家——凡·高 / 马录编著 . -- 长春 : 吉林人民出版社 , 2011.4 (2021.8 重印)

（历史的丰碑丛书）

ISBN 978-7-206-07633-6

Ⅰ . ①与… Ⅱ . ①马… Ⅲ . ①凡高，V.（1853 ～ 1890）—生平事迹—青年读物②凡高，V.（1853 ～ 1890）—生平事迹—少年读物 Ⅳ . ① K835.635.72-49

中国版本图书馆 CIP 数据核字（2011）第 037465 号

与命运苦争的艺术家 凡·高

YU MINGYUN KUZHENG DE YISHUJIA FAN·GAO

编　著:马　录

责任编辑:葛　琳　　　　封面设计:孙浩瀚

制　　作:吉林人民出版社图文设计印务中心

吉林人民出版社出版 发行(长春市人民大街7548号　邮政编码:130022)

印　刷:北京一鑫印务有限责任公司

开　本:787mm×1092mm　　1/16

印　张:8　　　　　　　字　数:72千字

标准书号:ISBN 978-7-206-07633-6

版　次:2011年4月第1版　印　次:2021年8月第2次印刷

定　价:35.00元

如发现印装质量问题,影响阅读,请与出版社联系调换。

编者的话

　　"欲知大道，必先为史"。

　　回溯人类的足迹，人们首先看到的总是那些在其各自背景和时点上标志着社会高度和进步里程的伟大人物。他们是历史的丰碑，是后世之鉴。

　　黑格尔说："无疑，一个时代的杰出个人是特性，一般说来，就反映了这个时代的总的精神。"普希金说："跟随伟大人物的思想是一门引人入胜的科学。"

　　以史为鉴，面向未来。作为21世纪的继往开来者，我们觉得，在知史基础上具有宽广的知识结构、开阔的胸襟和敏锐的洞察力应是首要的素质要求，而在历史的大背景中追寻丰碑人物的思想、风范和足迹，应是知史的捷径。

考虑到现代人时间的宝贵，我们期盼以尽量精短的篇幅容纳尽量丰富的信息，展现尽量宏大的历史画卷和历史规律。为此，我们编撰了这套丛书。

编撰丛书的过程，也是纵览历代风云、伴随伟人心路、吸收历史营养的过程。沉心于书页，我们随处感受着各历史时期伟大人物所体现的推动历史进步的人类征服力量。我们随着伟人命运及事业的坎坷与辉煌而悲喜，为他们思想的深邃精湛、行为的大气脱俗而会意感慨、拍案叫绝。

然而，在思想开始远游和精神获得享受的同时，我们也随之感受到历史脚步的沉重和历史过程的曲折。社会每前进一步都是艰难的，都伴随着巨大的痛苦和付出。历史的伟大在于它最终走向进步，最终在血污中诞生了鲜活的"婴孩"。

历史有继承性和局限性，不能凭空创造。伟人也有血肉，他们的思想、行为因此注定了同样具有历史的局限性和阶级的、时代的烙印；他们的功业建立于千千万万广大人民群众伟大创造的基础上。历史是人民群众创造的，伟大的人物们是历史和时代造就的。同时，我们也无法否定此间他们个人的努力。这也正是我们编撰这套丛书的目的。

我们期盼着这套丛书得到社会的认同，对读者，特别是青少年读者之历史感、成就感和使命感的培养有所裨益。史海浩瀚，群星璀璨。我们以对广大青少年读者负责的精神，精心遴选，以助力青少年成长进步，集结出版了《历史的丰碑》系列丛书，敬请读者批评、指正。

历史的丰碑丛书

编 委 会

策　划：　胡维革　　吴铁光

　　　　　林　巍　　冯子龙

主　编：　胡维革　　邢万生

副主编：　贾淑文　　谷艳秋

编　委：　(按姓氏笔画为序)

　　　　　于二辉　　刘士琳

　　　　　刘文辉　　孙建军

　　　　　李艳萍　　吴兰萍

　　　　　杨九屹　　隋　军

文森特·凡·高是19世纪末期荷兰艺术史和世界艺术史上最富有天才的伟大画家之一。作为后印象派大师，他笔下由阳光、色彩和似乎在流动的空气所组成的世界灿烂夺目。从凡高的作品中，似乎能看到大自然的"灵魂"就在你面前颤动、与你息息相通，使你不能不去热爱自然、热爱世界、热爱生活。

但是，与凡·高所给予生活的贡献截然相反，生活对凡·高却一直是那么吝啬，他一生中真正卖掉的画只有一幅。他的生活费用几乎都是靠弟弟提奥供给的。孤独穷困与病痛如影随形，蚕食着他的肉体和心灵，以至于他的艺术创作仅仅进行了10年，就在37岁时开枪自杀了。

凡·高把艺术和生命看得同等重要，他可以忍受饥饿与病痛，但却不能容忍自己创作灵感的枯竭。所以当他意识到自己再也画不出什么的时候，便把自己的生命还给了生他养他的土地。

目　录

历史的丰碑丛书

准备做个艺术家

> 对一个人来说，所期望的不是别的，而仅仅是他能全力以赴和献身于一种美好的事业。
>
> —— 爱因斯坦

　　火车在比利时南部飞快地行驶、掠过平川之后，地平线上出现了连绵不绝的群山。文森特·凡·高好奇地注视着窗外，他发现那些山都显得有些古怪。每座山都像被糟糕的雕塑家随意敲打以后又随意放在那里一样，平地拔起，十分突兀。这和家乡布拉邦特的风景完全是两种风格。布拉邦特是荷兰国土上极其迷人的一个地方，美丽的乡村风光曾是他童年的避风港。他在那个叫埃顿的小镇里出生，和弟弟提奥经常在秋天去松针林里散步，地上厚厚的松叶似乎

→文森特·凡·高（13岁）

是铺就了一层红褐色的地毯，踩在上面发出"沙沙"的响声。凡·高11岁时，在做牧师的父亲的安排下，在家乡上了小学，一直到16岁他才离开那里到叔叔的古比尔公司海牙分店里当推销艺术品的店员……

火车终于在瓦姆镇停了下来。镇子坐落在阴冷的山谷之间，本来已经很苍白的太阳被一层煤烟罩住后就显得愈发惨淡。这是一个名副其实的矿工村，这里有比利时博里日纳地区最古老和最危险的矿井。这里的矿工不论男女老少，每天都要工作十几个小时以换取少得可怜的工资来维持生计。凡·高是接受比利时福音传道委员会的委派，到这里做一名牧师，以上帝的名义安慰矿工们疲惫的心灵。

按事先约好的地点，凡·高来到面包师丹尼斯家安顿食宿。这是全村绝无仅有的一所砖房，窗户面对着街道，泥泞的路面和矿工们住的小棚屋一目了然。外面大雪纷飞，凡·高还在为即将开始的工作而兴奋。当夜色来临的时候，他想起了乌苏拉。

那还是他在离开海牙到古比尔公司伦敦分公司工作后发生的事。年仅21岁的凡·高疯狂地爱上了房东的女儿乌苏拉小姐。有一天，当得知乌苏拉其实已经订婚而且即将举行婚礼时，他的心情坏透了，整个世界突然变得那么灰暗，他搬出了乌苏拉家，和到商店里来购画的顾客莫名其妙地争吵，后来他辞去了古比尔公司的职务，到离伦敦不远的一个小地方做法文、

→文森特·凡·高（19岁）

德文、荷兰文教师。即使如此，他仍然经常在梦中梦见乌苏拉。于是，他经常在礼拜日长途步行往返于伦敦和学校之间，在乌苏拉家门外长久地徘徊。再后来，他亲眼看到乌苏拉成了另一个男人的新娘。

凡·高决定把她忘掉，回到阿姆斯特丹，在叔叔约翰尼·凡·高的帮助下努力学习，发誓做一个像父亲一样优秀的牧师，把自己心中的爱撒播到更广泛的人群中去。就这样，凡·高来到布鲁塞尔在由比利时福音传道委员会办的一所学校进修……

在矿工们中间，凡·高完全忘记了自己的心事，以最大的热情开始了新的工作。来往于矿工们的小屋之间时，他发现这些小屋没有一定的方位，当初漫无目的地顺山坡盖，结果形成了由泥泞的小路连接的迷宫。凡·高磕磕绊绊地走在迷宫中，不时被石块、树桩和垃圾绊倒。矿工的小屋几乎都是一样的：泥土地，房顶上生着青苔；风从木板墙的缝隙中不时吹进来；一张大床上，床上睡人，床下则是饲养的牲畜；矿工们虽然每天在地下挖煤，但他们的炉子里却少有真正的煤，所以没有衣裤可穿的孩子们只好每天躲在床上取暖。与此相对应的是，大多数矿工身体瘦弱，脸色苍白。他们不论男女从8岁时便开始下井，如果侥幸不碰上瓦斯爆炸之类的事故，大约活到40岁就会死于肺结核。

在凡·高看来，这些矿工勤恳而灵巧，和家乡布拉邦特人一样纯朴可爱而有个性。但是他们大多数人不识字，根本没有受到过任何正规的教育，他

们的精神生活是苍白而孤寂的。这使凡·高更加自信，他相信自己能给他们的心灵上带来安慰，使他们知道上帝并不因为他们整天在暗无天日的地下工作而忘记他们。

凡·高所做的初次布道是在丹尼斯面包房后的一间小棚屋中举行的。他把这间屋子打扫得干干净净，搬来了尽量多的板凳。晚上矿工携家带口地来到会场，听这位鼻梁高耸、额头宽大、头发红红的荷兰牧师讲话。这对他们来说是有趣的事，因为总比在家里无所事事强。会场上只有凡·高借来的一盏煤油灯发出亮光。凡·高煞费苦心地从《圣经》中选了一段，告诉矿工上帝希望人类都像耶稣基督那样谦恭地做人。如果这样，不论他生前如何受苦受难，死后便可以进入

凡·高博物馆位于荷兰阿姆斯特丹市内，主要收藏凡·高的作品和相关文物。该馆藏有世界上最多的凡·高作品。

天国，在那里得到幸福。

矿工们听得很耐心，甚至有人站起来提议让上帝马上来帮助他们，凡·高对此非常开心。他想起他在布鲁塞尔进修时也是这样通俗而耐心地

← 戴黑色毛毡帽的自画像

做过布道演讲，但是古板的委员们认为他讲得俗不可耐，所以才勉强派他到这个谁也不愿来的地方当一名并没被正式任命的牧师……

村里生病的人很多，凡·高每天像医生一样到各处巡视，只要有可能他就给矿工带去一点牛奶或面包、一双暖和的袜子或是床上铺盖的东西；他把路边的一间废置不用的房子整理为学校，在里面挂满他喜爱的各种画片，把4岁至8岁的孩子召集在一起念书；他也和矿工们的妻子一起到废矿石堆来捡煤渣，给他的教室和矿工的家增加一点温度。渐渐地村子里的人都喜欢上了他，亲切地叫他"文森特先生"。

但是，凡·高觉得博里日纳人对他所表现出的亲

切是生硬的。于是，他决定到地下去看看他们到底是怎样工作的。井下的坑道都在300米的地下，在狭窄低矮、用粗烂的木料支撑着的坑道里有一排排洞窟，微弱的煤油灯下，穿着肮脏的粗麻布服装的矿工们在紧张地挖煤。尽管矿坑里各种危险与麻烦时刻威胁着他们，矿工们还是宁肯在地底下而不是在地面上工作，他们像热爱自己的家乡一样热爱他们开出来的矿井，所以虽然每天只能挣到几十个分币，但却从来没想过要离开这可恶的矿井和同样恶习的博里日纳。

从矿井里爬上来时，凡·高满身泥水和煤灰。回到丹尼斯家，丹尼斯太太给他热了洗澡水，还为他准备了美味的食品。吃完饭，凡·高回到楼上，身上热乎乎的，宽大的床舒适而整洁，墙上挂着世界各国伟大画家的作品图片。他打开衣柜清点着一排排的衬衣、内衣、背

→ 戴草帽的自画像

心和袜子以及挂在里面成套的大衣和礼服。他突然间觉得自己是个骗子。他站在讲坛上向那些缺吃少穿的矿工宣扬安于贫困的好处，而自己却过着吃穿不愁的生活。他终于明白

← 戴灰色毛毡帽的自画像

了人们为什么对他总是敬而远之，当他穿着漂亮的衣服，面色红润地同矿工们站在一起时，他从来不是他们中间的一员。

凡·高从衣柜里快速取出所有的衣服，匆匆装进提包，大踏步地跑出了大门。村边有条河，河边的山坡上有片松林，松林里零零散散地有几家矿工的小屋。问过几个人后，凡·高找到了一间无人居住的小棚屋。屋子建在一处相当陡的斜坡上，一扇窗户也没有，融化的雪水顺流而下从屋边流过，简单的木梁勉强支撑着屋顶。这屋子比矿工们的屋子还破。凡·高决定在这里安一个新家。

自此，凡·高的心中感到一种从未有过的坦然，他依然给矿工们布道，但他不再给孩子们上课了，因为这对于他们并没有多大的用处。他成天到山上尽量多地拣一些煤，分送到那些境况最凄惨的邻居的小屋里去，他把自己多余的衣服也分送给了别人。渐渐地凡·高和周围的人变得一样肮脏而模样可怜，博里日纳又多了一个"煤黑子"。

然而，凡·高努力所做的一切并没有彻底改变村子里的面貌。几天以后的一个下午，当他正在与孩子们拣煤时，他看到从矿坑里突然涌出许多人，朝四面八方狂奔而去。随后他听见一个孩子惊叫道"又出事故啦"！

矿井里又发生了瓦斯爆炸，60个人被埋在了地下。

→矿工

女人们歇斯底里地大哭起来，抢救人员用落后的工具在进行救援。突然间一切声音都停下来，人们把两个大约9岁的女孩和一个10岁的男孩抬了上来，他们的脸和全身都烧焦了。他们都失去了知觉，孩子们的家长扑在他们身

1886年，凡·高和好友贝尔纳在河边，可惜只照到了凡·高的背影。

上撕心裂肺地哭着。人们把3个孩子放在马车上往家里拉。凡·高跟在后面气喘吁吁地跑着。

孩子们被烧得体无完肤，皮肤和毛发都烧光了。这里没有医生、没有任何医疗品。凡·高匆匆忙忙找了一点油涂在孩子们烧伤的地方，然后把自己的内衣内裤脱下来迅速撕成条，把孩子们从头到脚包扎起来。然后他用大衣包住自己赤裸的胸膛快速往回跑去。

抢救工作进行了12天，但结果却令人失望。人们整天守在井口希望奇迹出现。整个矿井停工了，村子里所有能找到的钱都用光了。凡·高便把自己身边的

50法郎全部买成食物，分发给每个家庭，然后给葬身矿下的57名死者举行了安魂仪式。

许多天，凡·高已经没吃过任何东西了，他虚弱得站不起身来，他的双颊凹陷，颧骨明显地突出出来。他只能用粗糙的麻袋布代替内衣，躺在屋角里发烧。同样憔悴的矿工和他们的孩子每天轮流守护着他，就像望着上帝一样望着他。

但是，凡·高知道此时上帝离他们太远了，而且上帝开始从他的心中退出了。他明白了，有关上帝的那些话其实是借口与推脱，是一个吓坏了的独行人在寒夜里由于绝望而编造的谎言，其实，世上根本没有上帝。

经过凡·高的努力和工人们的坚持，矿主在答应改善一些矿工们的生活和工作条件后，矿工们复工了。因为人们已经把村子里所有能吃的东西诸如树叶和地鼠之类的都吃光了。凡·高不得已又回到了丹尼斯家。但是这里舒适的生活没有燃起他从前那样的希

→凡·高塑像

←运煤的女矿工

望。凡·高向丹尼斯太太借了肥皂，把自己洗得干干净净，把头发梳成了原来整齐而优雅的发式，然后穿上了丹尼斯太太送的一套新衣服。

凡·高觉得心中一片空白，他就整天在野外读书，一坐就是几个小时。最后，他的书全读完了，再也找不到可看的书了。于是，他便到野外散步。11月的一天，天气晴朗，凡·高坐在一只生锈的铁轮子上。一个老年矿工走了过来，他的黑帽子靠前戴着，压在眉毛上，双肩耸起，两手揣在兜里，瘦骨嶙峋的膝盖微微抖动着。这个矿工身上有一种特殊的东西吸引着凡·高，但他说不清那吸引他的到底是什么。他无意中把手伸进衣兜里，摸到了一支铅笔和一封家信，便下意识地在信封背面把那迈着沉重步子穿过黑色原野

的身影画了下来。接着，他又画下了一个年轻矿工大踏步向前走去的身影。

回到丹尼斯家，凡·高翻箱倒柜找到了一些干净的白纸和一支铅笔，用笨拙生硬的线条开始整理他的作品。由于他以前并没有学过绘画，所以他的解剖学概念完全是错的，画中的人物古怪而令人发笑，即使他自己看着也不满意。他一遍一遍地画、一遍一遍地用橡皮擦，以至丹尼斯太太敲门叫他吃饭时竟把他吓了一大跳。餐桌上，几个月来他头一次兴高采烈地同丹尼斯一家说东道西，眼睛里闪着光，这使丹尼斯一家既吃惊又欣慰。

第二天早晨天刚亮，凡·高又拿起那支大笔和信

→荷兰阿姆斯特丹凡·高博物馆入口

纸以及随便找到的一块薄木板出发了。这以后，村里的人又能看到往日那个生机勃勃的"文森特先生"了。但是这一次他是拿着画笔而不是《圣经》。矿工和他们的家人依旧热情地同他打招呼，任凭凡·高把他们在白纸上涂来抹去。于是凡·高的画稿中不但有了远去的矿工们的背影，还有端坐的老妇人、风雪交加的街景、一棵孤零零的树、阴云密布的天气以及拣煤核的孩子等等。他画得仓促而潦草，因为他只想把眼前东西的第一印象马上抓下来，试图把每件描绘对象的特征画下来。每次他把作品拿给别人看时，人们总觉得从外貌看并不是自己，但是就整体而言，"文森特先生"画得的确是博里日纳人，而不是别的。就在这时，他的弟弟提奥从巴黎赶来了。

提奥·凡·高比文森特·凡·高小4岁，他只有23岁，已经是巴黎的一名出色的画商。他举止文雅、衣着考究、长得也比哥哥俊秀许多。当他突然出现在瓦姆镇、依靠在门框上看见哥哥时，凡·高由于刚刚做了一次长途旅行，加之他每天不停地临摹画家们的杰作和给矿工们画像而累得病倒了。

面对眼前的景象，提奥吃惊极了，此前他和他们的父亲一直以为凡·高是无所事事地在博里日纳浪费

一提奥·凡·高

提奥是文森特·凡·高生活中唯一的支柱。文森特一生中始终和弟弟保持着亲密的关系，文森特从未意识到提奥在精神和物质上给予他的支持。

提奥对其兄长无私的支持得以使文森特的伟大作品永远不会被忘记。此外，兄弟俩之间的大量的通信可以帮助我们理解文森特的作品及其内心世界。

他们的钱。而此时，他看到这间简陋的屋子里挂满了各种各样的图片。他所做的第一件事是急忙冲出门外，不一会儿买回了新的被单、枕头、炊具以及许多食品，然后生炉子做起饭来。一锅热腾腾的饭菜做好以后，提奥拿起勺子，把美味的饭菜喂到哥哥的嘴里。小时候，他们就是这样相依为命的。在兄妹5人中，凡·高一直是提奥的榜样，而提奥则是凡·高生活中最亲的亲人，他们之所以共同出生在一个家庭中似乎只是为了做一对兄弟。

接下来，他们整天进行长谈，从布拉邦特的风景，谈到他们的父母，从博里日纳谈到全世界的伟大画家，一种几年来从未有过的温馨弥漫在这个远离繁华的山村小屋子里。

夜晚露天咖啡座

回到故乡

任何东西，凡是显示出生活或
使我们想起生活的，那就是美的。
　　　　——车尔尼雪夫斯基

　　提奥陪着哥哥离开博里日纳后不久便回巴黎了。凡·高重新回到了布拉邦特，家人都避而不谈他在博里日纳的事情，只是用他们力所能及的方法让他在精神和身体上得到恢复。凡·高每天到野外散步，早晨则在厨房里和母亲安娜一边聊天一边临摹。后来他在离家不远的一片荒地上盖了一所小茅屋充当自己的画室。

　　凡·高向家里人解释了他打算做画家的决定，并且告诉他们提奥已经答应从经

→凡·高的父亲

济上帮助他。他的父亲提奥多勒斯颇感宽慰，尽管他并不认为当画家是一个可以养家糊口的正经职业，但他认为凡·高不再像从前那样糊里糊涂地过日子了。

凡·高总是喜欢在天气暖和一点的时候到野外作画，他仔细描绘每一个"猎物"。埃顿是布拉邦特一个封闭的小镇，这里的人很少见过每天只画树而不去种树或砍树的年轻人，所以他们总是斜眼瞧这位牧师的儿子。在他们的眼里他显然是个怪物。

凡·高不分昼夜

←凡·高的母亲

安娜·科妮莉娅·卡本特斯

安娜·科妮莉娅·卡本特斯1851年与提奥多勒斯·凡·高结婚。她是一个令人愉快的女人也是一个绘画天才的好母亲，她对艺术的热衷影响了儿子文森特，并始终支持着他的工作。

安娜·科妮莉娅·卡本特斯生于海牙，她的父亲在海牙有"御前装帧师"的誉称。威廉·卡本特斯的事业繁荣，当他被选中装订第一部《荷兰宪法》后，开始誉满全国。他的几个女儿中，有一个嫁给文森特·凡·高叔叔；第三个女儿嫁给阿姆斯特丹著名的斯特里克牧师。

地研究绘画技巧，提奥从巴黎寄来的动物解剖图、模特的素描以及画笔、颜料，源源不断地激励着他。他越来越体会到画人物比画景物更有益处，如果他把一棵树或一座房子按人物那样来画，就能把它们也画成活物。日子过得愉快而忙碌，他给妹妹们画像；不断临摹名人的名画；从不同角度画一个手拿铁锹的男人；画春天里的播种者；画拿扫帚的女孩；画一个正在削土豆的妇女；画年老多病的农夫。镇子上所有能观察到的凡·高都把它们画了下来。在它们面前，凡·高的心情是愉快的，他已经完全从博里日纳的阴影中走了出来，眼前是一片新天地。农民们也开始喜欢他了，常常一边干活一边站在他的身后看他作画。凡·高也在农民的淳朴之间，发现了他们和土地的一种必然关

→ 静物：啤酒杯与水果

系。他努力把这些看法画到他的素描中去，以至于他的母亲经常分不清农民和土地之间的分界线在哪里。

秋天来临的时候，凡·高萌发了到大城市里去求学的念头。他发现在目前这种状况下靠自学已经无法提高了。于是在提奥的资助下，他去了海牙。

在海牙凡·高要去的第一个地方便是当年他工作过的古比尔公司。那已经是8年前了，当时他的一位同样名叫文森特·凡·高的叔叔在那里当经理，而他是叔叔最宠爱的侄儿。人人都喜欢他，认为他是他叔叔职位的接替者和财产继承人。他原来可以做一个受人尊敬的有权势的富翁，而且若干年后他还可以拥有公司在欧洲最重要的一些画廊，成为别

文森特·凡·高有10个叔叔和婶婶，但有资料证明，森特叔叔对他的影响最大。在文森特5岁的时，森特叔叔就已经是一位令人尊敬的艺术商了，他是古比尔公司的合伙人，在海牙成功地经营着古比尔的分店。森特叔叔和妻子科妮莉娅·尼·卡本特斯生活在布拉邦特的乡下，在那里，他经常去看望文森特的双亲。这对夫妇没有子女，所以森特叔叔对成长中的文森特非常疼爱，他可能考虑过要让文森特在古比尔公司干出一番事业来。

人的主宰，评判每位画家的作品。然而8年前他却离开了这一切，现在他穿着破烂而古怪的衣服出现在公司的画廊时引来店员们奇怪的目光。但是，他的老上司而今已经接替了文森特·凡·高叔叔职位的赫尔曼·特斯提格先生还是一眼就认出了他。

　　特斯提格现在已经是全荷兰最知名的画商。他的衣服和他的画廊一样考究，在凡·高眼里他是一位值得尊敬的长者。当他们前后迈进特斯提格的办公室时，他们的话题马上直奔主题。凡·高小心翼翼地把自己的画拿出来给他看，那种闻名于全荷兰的沉默出现了，这种沉默曾经判处过无数个画家作品的"死刑"。

　　当然，特斯提格先生对凡·高还是比较客气和真诚的。他承认自己认为凡·高的这些作品并不是上乘之

→海牙街景

作，有些地方根本就是错误的，但他也说不上到底错在什么地方，他也不能马上说出来。这在他的工作生涯中至少是少见的。于是，他鼓励凡·高应该继续画下去。

← 拿铁锹的正在俯身的男人

仅这一点就令凡·高兴奋不已。起码他是在进步，只要努力，他最终会画好的。他几乎是手舞足蹈地去拜访另一位名人，他的表哥——著名画家毛威。毛威是一个从不把自己的时间让别人分享的人，但对凡·高是个例外。在毛威的画室里，凡·高头一次向一位业已功成名就的画家请教。和特斯提格的反应一样，毛威看到凡高的作品时起初有点笑意的脸突然间严肃下来。他拿了一张凡·高的习作和自己的一幅油画新作并排放在一起。

"现在我可知道我错在哪里了。"毛威一边嚷一边拿起一支画笔，很快地画了几笔，而后把手放在表弟的肩上说："你那些素描还不成熟，不过它们是真实的，它们具有我很少见到的生命力和节奏感。文森特，

你最好把那些临摹用的书抛开，去买一只画箱，尽早开始用颜料作画吧。"

在回埃顿的路上，文森特·凡·高一直哼着他熟悉的歌曲，这些歌曲从来没有像现在这么让他开心。

回到家，他还没来得及把这些事告诉家人，他看见了他的姨表姐凯·沃斯和她的小儿子简。凯的丈夫刚刚去世，她是到这里来度假的。几年前，凡·高在阿姆斯特丹看到她时她还那么健康活泼，而今她尽管有说也有笑，但她的眼睛里始终含着一股忧伤，她明显地老了。但凡·高觉得，她比几年前成熟了，她的美显得深刻而充实。

凯和简成了凡·高在野外作画时的新伙伴。凡·高常常把自己的画架支在草地上，然后把简抱到身边。开始他的速写。凯站在旁边不远的地方，默默地看着

→
海
牙

他们。凡·高并不勉强她说什么或做什么，只要有她站在旁边，他就觉得快乐无比。他又想起自己在伦敦和乌苏拉在一起度过的那段快乐的时光。那时他们也像现在一样彼此在一起做各不相关的事。

凡·高还从来不知道有一个美丽的女人陪伴在身边作画会是如此令人愉快，他的每一笔都充满自信而恰到好处。午饭后，简枕在妈妈的腿上睡着了，凯抚摩着孩子的头发，俯视着孩子天真无邪的小脸。整整一个下午，凡·高都在描摹这一幅充满温馨与浪漫的画面。

← 凯·沃斯·斯特里克

1881年在埃顿，文森特爱上了他的表姐科妮莉娅·沃斯（凯）。那时凯刚刚成为寡妇，她对文森特没有兴趣。文森特的努力，只得到了凯和他们的家庭反对。面对文森特对爱的誓言，凯毫不含糊地说"不，不，永远不。"这几个词困扰了文森特一生。这种令人不快的情形一直延续到1881年的秋天，在阿姆斯特丹，文森特面对凯的父亲那一天。为了证明自己对凯的爱，文森特把手放在油灯上烧，幸运的是他的手没有受伤。但这件事使文森特终于接受了凯的决定。

他觉得他画的不是别人，而是自己的生活，他几年来是如此的孤独，除了他和提奥之间频繁的信件以外，很少有家的感觉。而此刻，他找到了。

凡·高终于按捺不住了，他的热情像一股不可遏制的洪流。还是同样的一个午后，他就像当初突然拥抱乌苏拉一样，以他特有的野蛮的方式拥抱住了凯，向她求婚。

凯没有反应，她被这突如其来的事吓坏了，简也吓坏了。等凯反应过来以后，便抱起孩子疯了似的跑过原野。

第二天早上当凡·高起床时，凯离开了埃顿。凡·高则遭到父亲强烈的斥责。老提奥多勒斯甚至用了他一辈子里可能说过的唯一一句难听的话："乱伦！"

→沙丘风景

凡·高从来没想到过他和凯有血缘关系，他爱她只是因为她吸引了他，就像他画一个孤独无依的老人时只把他的忧伤画下来而从不在乎他的外貌是否画得准确一样。他爱凯以及她的儿子，除此之外他不知道还有什么可以妨碍他的热情。也正是这一点，在他的家人以及更多的人看来文森特·凡·高是令人难以容忍的。他除了画画，从来没想到过要去挣钱，和有权势的人打交道，维护千百年来人们形成的传统。别人都熟知这一点，但他们并不像凡·高那样坦率地说出他们的看法，却在心里

← 约翰内斯·斯特里克

约翰内斯·斯特里克牧师是文森特的姨父。他是一位值得尊敬的神学家和作家，曾在1877年文森特的学习上提供了物质上的帮助。斯特里克启发了文森特学习的兴趣，但文森特最终放弃了学习。他们的关系也由于文森特追求斯特里克的女儿凯而更加紧张。

一次又一次地骂他是个"疯子"。所以他在任何地方任何时候都成了一个怪人，成了一个不被别人理解的人，成了一个最最孤独的人。

文森特·凡·高知道他对绘画的爱远远超过了对凯的爱，但是他还是决定到阿姆斯特丹问问凯为什么

→ 两辆马车前的少女

要拒绝他。当他闯进姨父斯特里克家长长的餐厅时，刹那间他看到了他所熟悉的裙角消失在另一个门里。他要求姨父让他见一次凯，只要他问明白他心里想问的一句话就行。但是姨父和父亲一样怒斥他的言行。于是，凡·高身上那股在别人看来粗野而疯狂的精神又出现了，他抬起手放到蜡烛旁，对姨父说：

"什么时候让我跟凯说话，我才把手从火上拿开。"

凡·高把手翻过来，把手背放在一跳一跳的火苗上。室内的光线一下子暗了下来。蜡烛立刻把他的手背熏成了黑色，紧接着皮肤变成了红色，10秒钟之后，手背上开始起泡，15秒过去了，冒烟的皮肤开始爆裂，凡·高的手却一动不动。黑暗中，凡·高发光的眼神令斯特里克震惊不已。姨父尖叫一声，扑向桌子，夺过蜡烛，把火吹灭，大喊着"你疯了！"

凡·高从姨父家跌跌撞撞地出来，沿着漆黑的街道无目的地走着，街上熟悉的各种味道钻进了他的鼻孔，他下意识地看了看他已被烧伤的那只手。出于一种本能，他在蜡烛上伸出了左手，以便保证他的右手能继续画画。夜很深了，他不知道自己已经走到了郊外。他知道，他又一次失去了他所爱的一个女人。他不怨乌苏拉，不怨凯，因为他心中的热情包括爱情一旦发泄，来得总是那么汹涌澎湃，没有丝毫可以考虑的余地，便足以把各种人淹没。他知道这一点，但他总是耐不住性子，不像其他人可以等上很久。他觉得世界上的人并不懂爱情，因为爱情的生命非常有限，甚至不如他的皮肉在火上灼烤的时间长！

← 田地

← 鸢尾花

勇敢的斗士

> 为寻求真理的努力所付出的代价，
> 总是比不担风险地占有它要高昂得多。
> ——莱辛

凡·高决定在海牙定居，这样他便可以向更多的人学习绘画。他租下了一处很普通的房间做画室，然后买了几件普通的家具把自己安顿下来。

毛威对凡·高来海牙颇感诧异，他以为凡·高从前告诉他的那个计划只是个玩笑而已。尽管如此，毛威还是在他那间考究的画室里给凡·高上了第一堂课。他拿起画箱，里面有水彩颜色、画笔、调色板、调色刀、

→海牙

调色油以及松节油，给凡·高示范画油画和水彩画的一些基本技法，凡·高很快就领会了他的意思。接下来，他便按照表哥的方式，每天花钱雇模特来画人体素描。

提奥每月给他寄100法郎，除去房租和雇用模特之外，他经常囊空如洗，每到月末他不得不忍饥挨饿。但他不愿意向他的表哥开口借钱，因为如果那样他会成为毛威的一个负担而失去更多的学习机会，而这是他最不能忍受的事。

凡·高的祖父

文森特的祖父也叫文森特·凡·高，和他的父亲一样，祖父也是个牧师，在因健康原因退休前，他在几乎遍及荷兰的不同村庄担任牧师。我们不知道文森特与祖父的关系，但从他给提奥的一封信中的注释上可以发现这是一个有点冷酷的令人不快的人。

所以他只好用工作来填补经济上的空白。他把从前在博里日纳和布拉邦特画的那些素描钉在墙上。它们虽然有缺陷，但是却含着一种顽强的生命力，其中的激情激励着他不停地画下去。于是，他不得不一省再省，

付给和他一样穷的人一些钱，请他们做他的模特，有时，他也到街边画一些风景和行人。

当然，这一切还是替代不了由于缺乏足够的食品所造成的影响。他的胃隐隐作痛，以至于旧病复发，不断地发高烧、四肢无力，有时连画笔都拿不起来。终于有一天他硬着头皮去见特斯提格先生。这位画商依然穿着漂亮的衣服，他已经接到提奥和提奥多勒斯的信，答应帮助凡·高。他借给了凡·高25个法郎。

回来的路上凡·高填饱了肚子，觉得身上舒服多了。但是他的心里却更加凄凉，比在博里日纳更凄凉。那时尽管他也忍饥挨饿，但是和矿工在一起他仍然有笑有说。而此时，他完全被抛弃了。一月的寒风使凡·高打了个寒噤，他走进一家小酒店，在靠墙的一个座位坐下来，慢慢呷着葡萄酒，他身旁的另一张桌子旁孤单单地坐着一个女人，正为无钱付账而被伙计训斥。凡·高转过身来邀请她再喝一杯。

→伊丽莎白 文森特的祖母

文森特的祖母来自一个瑞士家族。她的儿子中至少有六个娶了卡本特斯家族的女孩。

← 沼泽中的两个女人

　　这个女人已经不年轻了，凡·高估计她和自己一样大约也是30岁。她不美丽并且很憔悴，所以看上去至少比她的实际年龄大10岁，凡·高知道这是饱经沧桑的结果。这个女人叫克里斯汀，是个洗衣工，有时做妓女，生了5个没有父亲的孩子。她和凡·高一样养不活自己，所以她日复一日得更加衰老。他们相谈投机，忘记了饥饿和贫困。当他们走出酒店时已经像一对要好的朋友了。克里斯汀答应在她有时间的时候来做凡·高的模特，他只需付很少的钱。

　　提奥终于寄钱来了，凡·高兴冲冲地跑到门外，请一个正在花园里掘地的老妇人来做模特，老妇人拿到钱后兴高采烈地给他摆各种姿势。凡·高仔细寻找

着色调和光线，他的笔变得流畅起来。他头脑中的凯复活了，但她显然不是从前的样子，而变得更像克里斯汀。他嘴里喃喃自语着什么，眼前的老妇人也显得有生气多了，她正在打盹，身旁的火炉上放着一把茶壶。这比他在许多朋友的画室里看到的年轻漂亮、身材或苗条或丰腴的模特更激发他的想象力。在他看来，那些女模特从来都千篇一律，而不像他请到画室里来的这些下等人那样有个性的魅力。他不明白为什么画家们按照那些模特的样子一笔一画地像复制下来的作品能卖出那么高的价钱，而他的作品却从来无人问津。

特斯提格先生回答了他的这个问题，这位曾经帮助许多画家成名的画商经常来看望凡·高。虽然他认为凡·高的作品在进步，但他认为凡·高的画还是卖不出去，因为在他看来遵守传统的绘画技巧远比别的重要，所以他和许多人认为凡·高作品中那些从博里

→ 沙丘

日纳和埃顿带来的"野蛮"依然故我。他甚至认为凡·高根本不应该当画家，完全可以像凡·高家族中的许多人一样去做画商，那样完全可以名利双收。凡·高努力解释自己的观点，后来他们争吵起来。那以后，特斯提格先生便很少再来关心他了，甚至不愿意再借给凡·高一文钱。

← 提奥·凡·高（32岁）

　　在海牙只有一个人欣赏凡·高的作品。那便是韦森布鲁赫，他是荷兰有名的画家和尖刻的批评家，被人们称为"无情之剑"。只有他支持凡·高按照自己的风格继续画下去。他相信凡·高会成为伟大的画家，但在此之前必须饱受折磨，忍饥挨饿。

　　在海牙另一个欣赏凡·高的人便是克里斯汀，当然她不懂绘画，她欣赏的是凡·高的为人。她时常来给凡·高做模特，给凡·高做饭，给凡·高洗衣服，有时　　　　　和凡·高过夜。凡·高则尽可能多地　　　　　　热烈地交谈。在那间简陋

的屋子里他们是平等的，没有凡·高在许多交际场合中所见到的矫揉造作。通常情况下，凡·高更喜欢听克里斯汀讲话，听她谈自己生活中的辛酸血泪。凡·高发现只需把其中的某些片段略加修改便完全是他自己的经历了。他们不分贵贱，无须互相提防，他们的交谈是两颗不戴面具的心灵的相互抚慰。

克里斯汀变了，她变得比以前温柔了，一些旧毛病也不见了。她不再去做妓女，尽管此时她已经怀了第6个孩子。她变得年轻美丽了许多。但是这一切并不能阻止贫困，于是凡·高每月在花光提奥给他寄来的钱后经常债台高筑。

就在这个时候，克里斯汀病了，由于她肚子里的孩子胎位不正，需要做手术，而这需要很多钱。于是，凡·高把自己仅剩的30法郎用在了克里斯汀身上。

克里斯汀的病治好了，他们之间的事也不胫而走。他的朋友包括毛威表哥和特斯提格先生非常愤怒，他们为尊贵的凡·高家族出了这样一个不知羞耻的人而羞愧。但是，有一天当他的一位朋友来看他时，凡·高看了一眼正在炉火旁织毛衣的克里斯汀，严肃地说克里斯汀是他的妻子，而不是他们所听到的妓女抑或情妇。

夏初，克里斯汀分娩了，孩子生得很困难。凡·高含着眼泪望着克里斯汀。孩子是别人的他觉得那并不重要，而重要的是眼前这个女人将要成为他的妻子，为此他感到快乐无比。回到家，凡·高租下了隔壁的另一间房子并把它们粉刷一新，给母亲和孩子安排了一间像样的卧室。

　　提奥来信说他提高工资了，以后每月可以给哥哥150个法郎。凡·高觉得生活又有了希望，事情远没有他想象的那么糟。他兴高采烈地在工作和家庭之间忙碌。他就是这样从来不放弃对生活的渴求，只要物质上哪怕有一丝一毫的满足，他就会在工作中以千百倍的热情报答生活给予他的希望。他从来都是个感情动物，而不是理智的奴仆。

　　毛威现在已经不愿意再亲近这位表弟了，他甚至认为当初看错了什么，他越来越相信特斯提格对于凡·高的看法，甚至在一些公开的场和，他也和其他人一起嘲笑凡·高破旧而笨拙的穿着，粗俗的外表以及时常因为激动而显得有些滑稽的表情。他们常常以此为笑料，笑得前仰后合。就在这时提奥再次来到了文森特·凡·高的身边。

　　提奥相信哥哥总有一天会成为一位伟大的画

家。他有很高的鉴赏力，曾致力于筹办一些非学院派画家的展销，但受到了各方面的指责。这次他给哥哥带来了颜料、画笔和画布，鼓励他尽快画些满意的油画，送到他在巴黎的画廊里出售。

提奥走后，文森特便动手用油画颜料作画。他画桥后一排修剪过的杨柳；一条煤渣路；一片菜地上一个穿蓝衣的挖土豆的人；树林中一片覆盖着落叶的坡地。……他不停地画，颜料用得惊人地快，而那些颜料又总是贵得惊人。他把钱花完了，他的画室也堆满了画。而只要提奥的汇款一到，他又匆匆跑到商店里去买各色颜料，随后他又快乐地画起来。所以他的苦难便再次降临。

他不得不再次画起素描，以便省下买颜料的钱用于请模特和维持一家人的生计。而这时，他发现克里斯汀变了，随着身体的日渐丰腴，她对痛苦的

← 叼着烟斗的自画像

记忆却逐渐淡漠起来，她不愿意凡·高把钱花在模特身上，而她也不肯再为凡·高摆姿势。原本已经改掉的许多恶习又恢复了。她懒惰而放荡，叼着雪茄烟，满口污言秽语。凡·高知道他面临着更为严重的事实。

大约就在这时，凡·高收到了提奥的一封信，说自己在巴黎街头同样遇见了一位有病的女子，他想仿效哥哥去努力帮助她。他把那个女子送进了一家医院，同时他还要为已经搬到纽恩南的父母亲寄生活费用，因为那个新教区教民少，他们的父母已经入不敷出。为此，他的工资用得不剩一个多余的法郎，不能再给凡·高多寄一分钱了。几天以后，提奥再次来信，说那个女人已经做了手术，因为需要钱，恐怕以后不能再给他任何经济上的援助了。

这对凡·高来说犹如五雷轰顶，他已经花光了口袋里的最后一个法郎。他想是否连提奥也对他的能力发生了怀疑？如果是这样，他将完全陷入绝境。为此，他夜不能寐。

克里斯汀已经完全恢复了老样子，房子里一片混乱，孩子在地上乱跑，开饭的时间也没了准点，使他无法正常工作。他面临着前所未有的灭顶之灾。

春天的一天，凡·高一边考虑着他的工作一边拿着一盏灯到陶器商人那里去修理，以便他在夜间有充足的光线来画画。那位商人坚持要他买几个盘子回家，钱可以以后再付。两个月以后，那位商人咚咚地敲开他家的大门来讨债。凡·高正在画画，答应有了钱一定马上还，但那个商人依然喋喋不休。凡·高只好把他往门外推。这正是那个商人所期待的。凡·高刚一

→盛开在玻璃杯里杏花

碰他，他便挥起粗壮的拳头一拳砸在了凡·高的脸上，又一拳把他打倒在地，算是对自己偷鸡不成反蚀一把米的补偿，然后扬长而去。

凡·高重重地摔在地上，他并没有受伤，但他知道，他的心受到了重击，就像摔到地上的陶器一样四分五裂了。当克里斯汀回来的时候，凡·高正虚弱地躺在床上。望着她，凡·高慢慢地说："我得离开海牙了。"

还是那个小酒店，还是那两张他们当初认识时的座位。他们每人要了一杯酸酒。克里斯汀沉默着，玩弄着手里的酒杯，那双手已经不再像当初那样粗糙、甚至和许多上等人一样显得有些娇嫩了。然而，他们再也没有当初的兴致了。克里斯汀眼里含着泪水，她把头歪向一边，努力不使眼泪落下来，她知道自己失去了什么。而此时的凡·高生着病，挨着饿，神经极度衰弱，疲惫而失望，他已经没有能力考虑别的了。

农民画家

生活是欺骗不了的，一个人
要生活得光明磊落。
——冯雪峰

回家了！

凡·高总像个孩子，他似乎永远也长不大。他在外面为理想而闯荡，而当他摔得伤痕累累的时候便需要父母的安慰与保护。就像当初他从博里日纳归来一样，这次他的父母同样热情地照顾他，闭口不问他在海牙的事，尽管他们对那些事已经知之甚详。凡·高吃得多、睡得多，似乎要把两年来的缺憾全部找回来，他不说话，也不看书，父母尽量避免去伤害他。

他们的新家纽恩南还在布拉邦特，这里人口众多，但提奥多勒斯只有100多人的教民，这比他们在埃顿的时候差了一点。他们住在一幢两层的白色小楼里，后面有个大花园，园子里有榆树、橡树，一个水池和修剪整齐的花圃。花园里有一间没人使用的小屋，凡·高在大病初愈后便把它布置成了自己的画室。

纽恩南人以纺织为生，这里有许多织工。但是同博里日纳人不同，这里的人少言寡语，安分守己，顺从成了他们天生的脾性，所以他们就像一架织布机或别的什么劳动工具。凡·高很快就和其中的许多人成了朋友，和他们相处他感到愉快。

凡·高又重新迷上了人物画，他画织工、画在原野上耕作的农民。这时在他的画布上还充分显示出了另一种爱好，他对色彩的运用发生了前所未有的兴趣。他把未成熟的麦田画成了暗金色的调子，与钴蓝色的天空形成强烈的反差，背景上的妇女面部和手臂是那种由于经常受阳光照射而形成的古铜色，妇女的头上则是一顶黑色无边的大帽子。整幅画就像是色块的拼凑，但是由于这种强大的色彩冲击，使人们从收获的喜悦中仍然看到明白无误的忧

→科尼利厄斯·凡·高（文森特的弟弟）

科尼利厄斯·凡·高是凡·高家族中里最年轻的一个，但是，像他的哥哥们一样，他过早地去世了。在学院毕业后，他结了婚。在约翰内斯堡服役，在英—布尔战争开始七个月后死去。他被列在布尔一方的阵亡名单上，但有未经证实的报告说他是自杀的。

伤。

他的妹妹们向来不太喜欢这位大哥，甚至弟弟科尔起初也是如此。吃饭时，凡·高总是跑到一个角落里，把盘子放在腿上，再把当天的画立在前面的椅子上，边吃边检查其中的不足。凡·高同样不喜欢弟弟和妹妹们由于骄纵而染上的喜欢享受的恶习，所以他尽量避免与他们交谈，越少越好。

似乎受到了弟弟妹妹的传染，纽恩南人也不喜欢他。他们像埃顿人一样不理解像他这样身强力壮的人为什么不去耕地而要把时间一天一天地

←威廉敏娜·凡·高（文森特的妹妹）

在文森特的三个妹妹中，威廉敏娜是其最亲近的一个。直到生命的最后几年，文森特一直和威尔保持着通信，但不像与提奥那般频繁。尽管如此，大量幸存下来的文森特与威尔之间的信件有趣地反映了他的生活。不幸的是，威尔也存在着一些和文森特相似的精神上的问题。在文森特和提奥去世几年后，威尔被送进了专门机构。在生活的最后10年里，威尔对这个世界完全地封闭了自己，没有说过一个字。79岁时她死在疗养院。

→ 纽南的老教堂塔

浪费在那一堆一堆的画纸上。他们有着天生的质朴与勤劳，成年累月地与土地打交道、与织布机打交道，所以他们理所当然地认为手脚并用地耕作或织布才是正经工作。在田野上作画的一个多月时间里，凡·高每天都能觉察到这种并不友善的目光。后来，他发觉有人跟踪他。

一天，凡·高突然扭头想发现跟踪者，他看见有个身穿白裙子的女子迅速消失在一棵树后。随后的几天里他都在用心捕捉这个影子，他装模作样地画画，眼角的余光却在四下搜寻。终于有一次，那个身影先他而走之后，他跟在后头，发现她走进了他家旁边的一所房子，于是，他很快把她忘记了。他创作时精神高度紧张，总是用一种突发的热情把对眼前景物的印象画下来。翌日傍晚，当他就这样忘我地画完最后一笔的时候，他发觉那个女子站在他的身后。她大约和他一样在这里待了整整一天，目不转睛地望着他工作，不知不觉地走到了他的背后。

"我是文森特·凡·高，你的邻居。"在听到了一声极其微弱的应答声后，"你是比奇曼家的哪一位呢？"凡·高接着又问。她低着头，似乎用了很大的力气才说出了自己的名字：玛格利特。

玛格利特比凡高大10岁，再过几个月她就40岁了，但是乡下洁净的空气和充足的阳光使她看上去年轻了10岁。她不太漂亮，脸上已经明显地有了皱纹。凡·高用手指蘸了一点水涂到了她的脸上。随着一声

← 窗边的织布工

幸福的哭声，玛格利特突然把手臂攀在凡·高的脖子上吻了他。

第二天，他们在村外又见面了。玛格利特穿了一件长裙，样子也比昨天显得从容了许多。她坐在凡·高身边讲起了自己的故事：玛格利特家十分有钱但十分古板，她还有4位姐妹和她一样至今还是单身，她们姐妹5人和她们的母亲组成了一个奇异的家庭。

玛格利特几乎天天陪凡·高外出作画，与此同时她对凡·高的热情在迅猛地增长，因此她显得越来越年轻而美丽。显然，爱情使这位老姑娘恢复了身体里的某种潜能，她爱凡·高，爱凡·高身边的琐事，爱凡·高脚下的那片土地。当凡·高专心致志地作画时，她也随之沉浸在画稿上那激越澎湃的热情之中。

一天，他们在凡·高的画室里又讲述着各自的故事，太阳落下去，屋子里只留下一层淡淡的暮色，当玛格利特再次热烈吻他的时候，凡·高的脑海中突然想起了乌苏拉、凯甚至克里斯汀，他心里感到一丝隐隐的不安。他崇敬并且理解玛格利特对自己毫无保留的爱，但是从内心深处他从来没有给这个可怜的姑娘留下一丁点立锥之地，他之所以还跟她在一起只是被她的热情所感染而认为自己爱她。面对玛格利特，凡·高突然间明白了乌苏拉和凯所以离开他的原因。然而，凡·高和乌苏拉、凯是有所区别的，他天生善良，从来不肯伤害别人。有时候这种善良便成为一种懦弱和犹豫不定。所以，玛格利特充满爱意地抚摩着他的头发时，凡·高答应第二天到她家求婚。

第二天早上，凡·高把这件事告诉家里人时掀起了轩然大波。这首先牵扯到钱的问题，当他自己还在

← 种土豆

靠提奥养活的情况下怎么能够娶妻子呢？而凡·高走入玛格利特家时却是另外一种情况。在这长年由6个女人编织的环境里，有一股安静得令人恐怖的气息。除了玛格利特，那5个女人问了他的岁数、职业、收入等等，然后阴阳怪气地拒绝了他的要求。凡·高记得玛格利特曾经讲过，大约在多年前，她们就是这样轰走了玛格利特的第一个恋人。之后，她们便变成了这样一个集体：她们谁也离不开谁，但谁也不关心谁，成了纽恩南这个封闭的小镇中最"纯洁"的家族。她们渴望得到爱又一次次地拒绝了爱，结果在凡·高的眼中她们成了一群变态的女人。

　　但是这一切并没有影响他们共同外出。第二天他

→村舍前正在挖地的农妇

们依旧在野外作画。玛格利特穿上了他们初次见面时的那条白色连衣裙。整天坐在旁边注视着凡·高。临近傍晚，玛格利特突然跟他说了许多话，充满柔情地吻了他，然后像安慰一个孩子一样叫他继续作画。太阳终于落下了地平线，凡·高突然听见了瓶子摔在地上的响声，玛格利特服毒了。

玛格利特并没有死去，她服的毒不足以了结她脆弱的生命。但是整个纽恩南人都把目光转向了凡·高，从前的不友好发展为厌恶，没有人同他打招呼，他成了一个被抛弃的人。凡·高知道现在最好的办法就是离开布拉邦特，但是他无处可去，他几乎在哪里都碰壁，而且一碰就碰得结结实实，没有回旋的余地。

凡·高以最简捷的方式解决了这个问题。他在离村子很远的地方租了一处房子，在弟弟科尔的帮助下布置了一间画室和一间起居室。安安静静地继续画画。

他发现，大多数画家弃而不用的深褐色、沥青色可以使画面显得成熟而稳重；把一种颜色与紫色并置，只要在其中稍加一些黄色就会产生非常强烈的黄色效果。他尝试着用这些颜色画画，画完之后，他边欣赏边想，如果这些画拿到海牙或别的地方，不知道会把毛威和

→纽南的小教堂

特斯提格激怒到何种
程度，他们会再次骂
他粗野、无礼。

← 老农妇头像

3月里，提奥多
勒斯不幸去世，全家
人都回来参加了葬
礼。葬礼过后，凡·
高的妹妹伊丽莎白明
确地对凡·高表示他
已是个完全不受欢迎的人了。他们不能因为他一人的
过错而丧失凡·高一家在纽恩南拥有的良好地位。这
样，凡·高在纽恩南便彻底孤立了，他再次用千百倍
的努力工作代替与人交往。他开始研究自然、开始努
力地去模仿自然，结果徒劳无功，他画的一切都显得
那么别扭。后来他凭借调色板把自己脑海中的自然描
绘下来，反而顺畅了许多，大自然驯服地随着他的画
笔跑到了他的画布上。

凡·高和一家姓德格鲁特的农民做了朋友。这是
个5口之家。他们和纽恩南的大多数人一样过着清贫
的日子。他们以土豆为主食，偶尔才能吃到一点别的。
但是他们善良而乐观。凡·高画了一系列他们挖土豆、
在屋角摆桌子、吃煮土豆等情景的素描。

　　斯蒂恩是德格鲁特家的只有17岁的女孩子，她活泼好动有说有笑。她知道凡·高和玛格利特的事，但是她还是愿意陪凡·高到野外散步，与她在一起成了一段时间里凡·高除画画之外唯一的乐趣。

　　结果，有一天倒霉的事又来了。斯蒂恩怀孕了。尽管凡·高什么事也没做，但整个纽恩南的人一致认为是那个可恶的文森特·凡·高再次玷污了村子里的清白，因为他们经常看见他和斯蒂恩在一起。当然只有斯蒂恩明白其实那个真正的"坏人"是教堂里的执事，但是除了凡·高她没有把这个人的名字告诉任何人。

　　凡·高答应给这个可怜的小姑娘保守秘密，然后他开始更快更多地画了起来。他已经决定离开这里。环视两年来自己的作品，他觉得自己还没有把纽恩南画下来。他承认自己是个"农民画家"，他要像伟大的米莱那样画一幅布拉邦特的《晚钟》。

→戴帽子的农民像

雪中的牧师住宅花园

尽管村子里流传着关于他和斯蒂恩的谣言，凡·高每晚还是到德格鲁特家，一直画到他们一家人困得睡倒为止。凡·高用各种色彩的配合，用明暗法的关系一遍遍地进行尝试。到离开的前一天，凡·高作画的情绪到了发狂的程度。德格鲁特一家人从地里干活回来的时候，他已经支好画架等他们了。这对这一家人来说是难以理解的，他们不知道这位画家在这里有什么可画的，而且一沓一沓地浪费贵重的纸张和颜料。

凡·高一直工作了好几个小时，德格鲁特一家人依旧干着他们每天重复干的事情。直到晚上10点钟，一家人都睡了。精疲力竭的凡·高也耗尽了自己的最后一些颜料。于是他收起画具，告别了这一家人，消

失在夜色中。

回到画室，点上烟斗，凡·高仔细观察自己的作品。他还是不满意，布拉邦特的魂灵完全不在那上面。不知过了多久，他重新放上一块画布，调好颜料，又画了起来。他把整个画面涂成一种沾着灰土、还未剥皮的新鲜土豆的颜色。里面有肮脏的亚麻桌布、熏黑的墙、吊灯挂在粗陋的木梁上，斯蒂恩给父亲端来煮土豆，母亲在倒清咖啡，哥哥把杯子端到嘴边，而他们所有的人的脸上流露着这里的人安天知命、逆来顺受的表情。

太阳升起的时候，凡·高从画布前站起来，他捕捉到了日日在消逝但却日日在重复的布拉邦特！凡·高笑了，在画上题了《吃土豆的人》几个字。

→吃土豆的人

在巴黎的日子

当我们大为谦卑的时候，便是我们最近于伟大的时候。

——泰戈尔

凡·高家中最为亲密的两兄弟又聚在了一起，文森特·凡·高和提奥·凡·高走在巴黎的大街上，他们不论从哪个方面看都截然不同。其中的一个头戴圆顶礼帽，身上穿着厚厚的外衣，考究的衣领交叉在白色蝶形领结下面，手持手杖，迈着优雅的步子；而另一个穿着一身大概两年来都不曾换过的衣服，脸上蓬乱的胡须和头发一齐扣在一顶破帽子下面，对街道两旁任何他感到新奇的东西都大喊大叫，妄加评论。当然，他们根本注意不到行人惊奇的目光。对他们而言，只要他们两个人能在一起，世界就显得异常可爱而迷人。

在凡·高来巴黎之前，提奥刚刚得到提升，他现在已经在管蒙马特尔林荫大道的古比尔画廊了。通过不懈的努力，他已经为人们还不太能接受并且得不到

大多数画商认可的印象派作品在那里开辟了一席之地。现在这还是一个秘密，他要让自己的哥哥初次来到巴黎时给他一个惊喜。

当兄弟俩一前一后走进画廊时，服饰整洁的店员们都尊敬地向提奥行礼。提奥笑嘻嘻把凡·高领进了一楼和二楼之间的展厅，然后便回办公室去了。

面对这里的每一幅作品，凡·高惊得目瞪口呆，他自言自语地说的第一句话是："我难道在疯人院里吗？"他使劲揉揉自己的眼睛。从自己12岁上学起他所看到的绘画一直是那种沉闷的调子：大酱式的色调所笼罩的画面上每一个细节都是那样精确而完整地被表现出来，平涂的颜色很有层次地交替出现，甚至到

→巴黎郊外

← 百日菊

他在博里日纳拿起笔直到此前他也是在这样的规范之下作画的。尽管在许多人看来他已然有着叛逆式的绘画技巧。而现在，就在他弟弟的画廊里一种全新的艺术出现在他眼前：平涂式的薄面没有了；情感上的冷漠没有了；画面上各种颜色——红、绿、蓝几种被视为野蛮和粗俗的原色同时挤在一起，而且其中还有他所见到的最浅的浅颜色；每一个笔触都清晰可见，而那些精致的线条在这里受到了无情的嘲弄。大团大团的鲜艳而温暖的颜色几乎使凡·高激动得喘不过气来。噢！这些人，他们是德加、莫奈、马奈等。一些人竟然发现了空气——他知道这在学院派的作品中完全是

不存在的。画中的每一个物体只是生硬地放在一个空白的空间里——那些空气就像它们原本应该的那个样子在明亮的阳光下在颤动，他似乎只要向前一步吸一口就能把它们吸到肺叶里去一样。文森特·凡·高知道，绘画再也不是原先那个样子了。

凡·高几乎是跌跌撞撞闯下楼梯来的。提奥站在那里，嘴角上挂着幸福的笑意，这是他意料中的哥哥的快乐。凡·高走到他面前，他想讲话，但是他只张口"啊"了一声，随后叫了弟弟的名字，就冲出门外，飞也似的往前跑去。

他要看看，巴黎怎么了？这个欧洲乃至世界艺术的首府何以在一夜之间变成了这个可爱的样子。凡·高穿行于川流不息的人群之中，尽情地呼吸着这里的

→阿尼埃尔的餐厅外部

空气，看这里形形色色的人，形形色色的商店，形形色色的雕塑。巴黎无疑是美丽的。在塞纳河边，他把手浸到水里感受到了巴黎清凉的气息，然后过了桥漫无目的地走了好几个小时。后来他迷了路，在警察的帮助下才回到了提奥的寓所。

天近黄昏，巴黎披上了它迷人的面纱。提奥回到家时，看见哥哥一个人在黑暗中发愣，他默默地注视着哥哥的眼神。凡·高突然站起身来，一脚踢破了一幅自己的大幅油画，在屋子里来回走动，捶胸顿足地埋怨提奥为什么不把这一切早点告诉他。他显然处于一种狂躁之中。他认为自己6年来一直在中世纪的绘画道路上徘徊，用那种阴暗的色调浪费生命；他认为

自己6年里成堆的作品毫无价值。

　　提奥明白哥哥此时的感受。哥哥从小就这么自尊而敏感，他总是义无反顾地做事，而一旦发现自己错了或比别人差的时候就极容易受到伤害。然而，提奥明白凡·高没有错。等哥哥发完火，提奥告诉他，在巴黎许多人看过他的画，除了光线和色彩，他们认为他早已是印象派的画家了。从博里日纳使他拿起笔画那个老矿工开始，凡·高从没明确地画过一条完整的线条，他的每一个人物和每一个风景看上去都很粗糙，但是这些东西是经过他个性过滤了的。画面上反映出的是他的印象，也就是说他的作品从没有任何的条条

→ 春季垂钓

← 一双鞋子

框框，完完全全是不能被别人所替代，而这一切就是印象派！他从一开始就不属于过去的那个中世纪，而完全是这个时代的先行者。

随后的日子里，在提奥的介绍下，凡·高认识了几乎所有在巴黎的印象派画家。他们有劳特累克、高更、修拉、罗稣、塞尚以及作家左拉等等。他们和文森特·凡·高一样都是些古怪的人，他们中间有像凡·高一样贫困潦倒的人，也有有钱有势的人，但他们都放弃了原本应该拥有的一切，与上等人看来丑陋不堪的人和环境打交道，在一起大声叫嚷地争论着他们的艺术观点，互不相让甚至大打出手，然后便拼命

地工作。他们都是印象派，但他们的画风又显然各不相同；他们的作品被拒绝在任何画廊里展出，但他们每一个人都画了无以数计的作品。

　　凡·高虽然每天还在发脾气，抱怨自己学画开始得太晚，但他还是在努力工作，他的线条和色彩也越来越和他的朋友们接近起来。以至于提奥有一天不得不拿着他的一幅新作发起脾气来："咱们可以把这一幅叫作印象派的摘要，给每一样东西贴上标签。这棵树是高更的、角落里的女孩是劳特累克的、小河里的阳光是西斯莱的、色彩是莫奈的、树叶是毕沙罗的、空气是修拉的、中心的人物是马奈的。"显然，在提奥看来，他的哥哥头脑中急于想成为印象派的狂热使他忘掉了自己的风格，只是简单地模仿着他所能看到的一

→从蒙马特看到的巴黎风光

← 红色罂粟

切，而模仿从来不应该是文森特·凡·高的性格。他
应该创造，保持他自己鲜明的个性。

就这样，凡·高每天辛苦地工作，而当晚上提奥
下班后拿起他的作品时，他在这个目光犀利的弟弟面
前就像个忐忑不安的小孩子，生怕受到弟弟的责难。
所幸的是，这种场面越往后越少，凡·高按照自己的
性格找到了一种独特的画法，画布上朋友的痕迹越来
越少，甚至全部消失，他又成了自己的主宰。

在提奥为凡·高的朋友举行的一次宴会上，凡·

高提出了一个计划：既然画商们不肯展示他们的作品，他们何不联起手来到街头工人们去的小饭馆里悬挂印象派的作品，他们可以以工人们出得起的价钱出售他们的作品，这可以让那些贫苦人欣赏到艺术。这个计划得到了大家的一致认可。

第二天，画家们每人拿出了几幅自己的得意之作装在一辆普通的小推车上向事先选好的诺文饭馆进发了。这些穿着各色古怪服装的人走在马路中间，说着各种有趣的话题，在巴黎街头组成了一幅可笑而生动的画面。

这次展出没有成功，但是大家被凡高的主意吸引住了，他们决定成立一个专门以新派画家为对象的俱乐部。于是，这帮热情澎湃的人重新忙乱了起来，而最忙的是凡·高，他成了这个被称为"共产主义科勒尼"俱乐部的组织者。草拟文件，募集资金，制定制度，撰写海报等等繁

→画架前的自画像

← 塞纳河上的大杰特桥

杂的事务几乎使他忘记了绘画。

这样忙了几个月后，一天早上，凡·高精疲力竭地睡着了。他一觉睡到中午才觉得恢复了精神。他走进自己的画室，觉得很新鲜。他已经好久没有作画了，画架上的画布还是几个星期前放上去的，上面蒙了一层灰，调色板上的颜料已经干裂；颜料管被踢到了屋角；扔得到处都是的画笔上的颜料已经变硬了。他突然间觉得有什么地方不对劲，他把一大堆油画搬出来，一幅一幅地放在画架上欣赏起来。是的，他已经有了很大的进步，画面上的色彩已经明亮多了，水晶的底子闪着光芒，他已经捕捉到一种新的表现方法——而就在这个时候他却整日在琐事中浪费时间！

　　这是他长时间停笔以后重新审视自己的作品得到的一个正确明晰的看法，他正在形成完全是自己的一种印象派的技法。凡·高对着镜子打量了一下自己，那里面是一个不修边幅的36岁的中年男子。他仔细地修了修面，梳平了自己的头发，穿上一套漂亮的礼服，到古比尔画廊去找提奥。

　　在一家咖啡屋的角落里，凡·高向弟弟吐露了自己刚才的想法，他对巴黎有了新的看法，也对他的朋友们有了新的看法。巴黎，无疑是繁华的，它吸引着世界各地的画家，但真正有成就的画家所画下的伟大作品不是在巴黎；每一位画家向往巴黎，他们来到巴黎以为在这里找到了理想，他们争论、逛街、去商店；巴黎使他们变得浮躁而不自省，而一个真正伟大的画家要的不是浮躁，应该静下心来，以自己的眼睛和手来描绘他的所见所想。

→磨坊

　　提奥像当初看到凡·高从他

的画廊的楼梯上跌跌撞撞走下来时那样看着哥哥，嘴角上依然挂着微笑。他从来没怀疑过他的哥哥会成为一个伟大的画家，他的身上生来就具有那种自省自强的伟大天赋。他倔强、他也坚强；他暴躁，他也勇敢；他的心灵很容易受到伤害，但他的心灵没有坚硬的外壳甚至没有一丝灰尘；他的长相和行为那么古怪甚至丑陋，但在他的眼睛里，自然、世界、生活却那么美好！

← 瓶中的雏菊和银莲花

接下来的一个月里，他继续画画，使他的笔法日益完善。同时他的脑子里也在寻找他要落脚的下一个目标。他很想去非洲，去寻找创作光线和颜色的太阳。在太阳底下寻找流动的空气。最后，他接受了劳特累克的建议，选择了马赛附近的阿尔。

有一天晚上，当提奥回家时，他发现桌子上留了一个纸条。他的哥哥已经登上了南去的火车。

凡·高走后，他的很多朋友也纷纷离开了巴黎。

幸福与痛苦如影随形

> 人生不是一支短短的蜡烛，而是一支由我们暂时拿着的火炬，我们一定要把它燃烧得十分光明灿烂，然后交给下一代的人们。
>
> ——萧伯纳

凡·高属于阿尔，这是他到达阿尔之后的第一印象。这个地方的太阳像一个巨大的黄色火球，烤得人头昏眼花。在酷热的空气中这里有一个他从未见过的纯净透明的新世界。

→ 有鸢尾花的阿尔景色

← 暴风下的景色

　　顺着一条弯弯曲曲的小路，凡·高走过马丁广场，在德拉加尔旅店租下了一个房间。屋子里没有放画架的地方，他便把旅行袋扔到床上，冲出门外，观察这座小镇去了。他走街串巷爬上一道山坡，站到了数百英尺高的一个山崖上，然后悠然地点燃烟斗，眺望这个城镇。这是一片美丽的土地，在太阳的高温灼烤下，河流、房屋、山野、街道构成了一幅五彩的画面。当然，对于一个画家来说，凡·高脑子第一个想到的问题便是如何把它们画下来。

　　凡·高跑回旅馆，挟起画具奔向河边，水面上闪烁的阳光刺痛了他的眼睛，但是在巴黎时长期困扰于他的疲劳和沮丧顿然消失了。他继续沿河往下跑，在

→阿尔的吊桥

河的下游，他看到了一座吊桥，一辆车子正从上面经过，蓝蓝的天把河水也映成了同样的颜色，黄绿相间的岸边，一群头戴五颜六色头巾的女人正在树荫下洗衣服。这是一幅多美的画面。凡·高长长地吸了一口气，支好画架，把眼前的一切都画了下来。

凡·高自从来到了阿尔，便变成了一部机器，不知疲倦的绘画机器。每天黎明他都要沿河去寻找一个地方画画，乡间每一处的变化都在他的笔下被记录了下来。这样，他又开始了那种长期不分昼夜地混乱的作息状态。

在野外他从不戴帽子，慢慢地，阿尔的烈日把他的头顶晒秃了。在阿尔比太阳更毒的是狂风，为了能在风天继续作画，凡·高有时不得不把画架挂在打入地里的木桩上，这样，他便同他的画架一起在风中前后摆动。

阿尔人和他的家乡布拉邦特的人没有什么区别，他们在自己脚下的那片土地上生息繁衍。由于长年处在强太阳光的照射下，这里的许多人患有"日射病"，发病时和疯子没什么区别。尽管如此，阿尔人认为这个来到镇上的新居民比他们更古怪。阿尔人对凡·高敬而远之，他们天天能看到他不戴帽子背着画架跑出城去，回来时两眼通红，兴奋地跟自己打着手势。他们给他起了个外号叫"伏热"，意思是"红头发的疯子"。

←凡·高卧室

一凡·高在阿尔的黄房子

但是，凡·高对此并无兴趣。他的眼中阿尔仍然是阳光下的一片黄色。于是他的画上也便充满了这种明亮得似乎在燃烧的颜色。他知道，自从文艺复兴以来，欧洲画家们还从来不敢大胆地使用这种颜色。

他画了那么多的画，那些画堆满了他的房间。但是离开提奥后的孤独又开始吞噬他的心灵。其实在离开巴黎的那一刻他便预料到了这种结果。没有提奥，他的生活变得重新混乱不堪，他就要忍饥挨饿，甚至没钱买颜料。

为了省钱，凡·高决定给自己找一个固定的住所。一天傍晚，当他穿过马丁广场时发现了一处待租的房子。房子被涂成了这里最可爱的黄色，它的正面对着广场与山坡上的市区。第二天，在新认识的朋友罗林的帮助下，凡·高租下了那幢房子。

为了省钱，当然这不是唯一的理由，凡·高开始自己制作画具。他把几种铬黄、孔雀石、朱砂、赤黄铅、钴蓝和群青碾碎，自己配颜料。这样一来，他的颜色不仅便宜、鲜艳，而且还利于油的渗透；接下来凡·高改进了自己的画布，以自己满意的方式在画布上涂厚了石膏，增强画布对颜色的吸收性能；凡·高还从杂货商那里买来木板条，截成他需要的尺寸做成画框，然后把它们涂成和他的作品相协调的颜色。

就在这时，凡·高收到了高更的一封来信。高更在他之后离开巴黎前往布列塔尼半岛，如今他一文不名，被困在那里病魔缠身。凡·高很理解他的处境，他自己也曾经在博里日纳和海牙过过那种贫病交加的日子。而且他还知

←凡·高的朋友高更

→圣玛利海景

道在世界的许多角落里这样的人也不少，他们为世界创造着无与伦比的财富，但他们自己却在死亡线上挣扎。

必须帮助高更，凡·高这么想，他的黄房子完全可以住下两个画家，他们不单各有一间自己的画室，还可以各有一间卧室。于是，他便兴冲冲地安排房间，邀请高更到阿尔来与他一起工作。

高更来到阿尔的时候已经是好几个月以后的事了。夏季来临，凡·高已经把黄房子粉刷一新。他们为再次见面而热烈拥抱，互相打听各自的情况以及朋友们的消息。凡·高的脸兴奋得变成了红色，那种长期伴随他的孤独似乎顷刻间一扫而光。

但是这种温馨与和谐并没有维持多久。当他们在互相观看对方的画时，激烈的争吵便随之而来。他们俩都是那么暴躁而顽固，谁也说服不了另一个接受自己的观点。于是他们不欢而散，然后各自去工作，然后在一起吃饭，然后又再次激烈地争吵，互相攻击。这样日复一日地重复着他们的争吵与不欢而散。

然而当他们工作的时候，都把这一切置之脑后。凡·高由于不时被高更激怒与讥笑，他的工作时间更长了，他的热情也更高涨了。他觉得他每画一幅画都在聚集自己9年来的心血。他的速度也由原先的一天一幅变成了一天两幅、三幅。随着每一幅画的完成，

← 圣玛利的道路

←戴着绷带和叼着烟斗的自画像

他血管里的血似乎就减少一些。而且，显而易见的是，他的画在飞速地进步，他已经完全可以充分而自如地表达大自然的本质了。凡·高觉得他的艺术已经达到了顶点。

太阳灼烤着两个天天争吵的朋友，凡·高显得越来越狂躁不安。一天晚上，他们在咖啡馆里喝酒时再次发生争吵，凡·高突然拿起酒杯朝高更的头上扔去。高更躲开了，然后把凡·高一把抱起来，飞快穿过广场，把他扔在了黄房子里他自己的床上。

第二天高更打算离开阿尔，凡·高又像个犯了错的孩子似的请求高更留下来，他又是哀告，又是劝诱，又是威胁，又是哭天抹泪。黄昏时分，高更疲惫不堪，为了不使紧张的气氛再扩张，高更让步了，拂晓前他又回到了自己的卧室。但是，他刚睡着不一会儿，一种奇怪的感觉把他惊醒了，他看见凡·高站在他的床前，在黑暗中怒视着他。以后这种情况便时有发生。

凡·高出现了精神分裂的症状，他曾经拿着剃刀威胁高更，做汤的时候把颜料洒到锅里，吃饭的时候怀疑有人在里面下毒。终于有一天，他用剃刀割下了自己的右耳，把它送给了一个曾经开玩笑想要他耳朵的妓女。

凡·高被送进了医院，在高更走后提奥又来到了他的身边。提奥告诉哥哥，他遇到了一位姑娘，叫乔安娜·邦格，是个像他们的母亲一样善良的荷兰姑娘，她可能成为他的新娘。

提奥在阿尔待了两天，在照顾凡·高的医生雷伊大夫答应像朋友一样照顾哥哥以后，他返回了巴黎。雷伊大夫和老邮递员罗林细心地照顾着凡·高，几天以后凡·高的神志完全清醒了。第二个周末雷伊大夫

←阿尔医院的病房

→阿尔医院的庭院

允许他继续画画。

　　凡·高仍然非常虚弱。开始他小心地为罗林以及他的妻子画像。后来他又不戴帽子回到了田野上，在太阳底下暴晒，陶醉在阿尔的黄色之中，他画下了迎风不倒的向日葵。他的创作热情重新焕发，那种高速绘画的才能重又出现，他每天画一幅油画。就这样一连画了 37 幅之后，他的精神病再次发作，两个警察把他抬到了医院。

　　凡·高的情况使阿尔人相信画画同"日射病"一样能叫人发疯。所以，每当他走过人们身边时，他们都像躲避瘟神一样避开他，拿眼睛瞪着他，大声议论。

城里没有一家饭馆肯再接待他。孩子们则完全把他当成了可以玩耍的笑料，他们整天跟在他身后，一起叫"伏热、伏热"，而且还拿他的另外一只耳朵开玩笑。

孩子们闹得一天比一天凶，他们甚至攀进他的房间，拿走他的东西，大喊大叫。一天，凡·高从画架前走过来，他看见3个男孩坐在他的窗台上，正闹得欢，他向他们冲过去，孩子们慌忙跳下去。凡·高跳上窗台，大叫着让他们滚开。但孩子们像没听见他的话，仍然"伏热、伏热"地喊着。凡·高从桌子上拿起脸盆朝他们扔去。然后他愤怒地在房间里跑来跑去，把随手拿到的任何东西都扔到了窗外：椅子、画架、镜子、桌子、床单以及那幅向日葵。随着每一件东西雨点似的飞出窗外，他的脑海中闪过了一个又一个对于往昔的回忆，从布拉邦特到阿尔，从乌苏拉到玛格利特，从提奥到高更，他们都曾在这些家具和画具上留

《阿尔的舞厅》是凡·高在1888年秋天与高更合作完成的画作。两位画家风格交融的特点在作品中表现得相当明显，而这也是该作的一大特点。

下过深深的印迹。

整个黄房子都被扔空了，凡·高站在窗前簌簌发抖，然后倒在窗台上……

整个阿尔似乎都被凡·高激怒了。许多人联名上书，请求市长限制那个患有精神病的画家的自由。当时，阿尔正在选举，为了不使更多的人对他失去兴趣，市长下令逮捕凡·高，把他强行关进监狱。

凡·高恢复知觉后，要求和雷伊大夫见面，要求给提奥写信，但都一一遭到了拒绝。最后，雷伊大夫争取到探监的许可，以患者的身份把凡·高带出监狱，把他送到了25公里之外圣雷米的精神病院。

→雷伊大夫

疯狂的日子

> 所有现在的好东西都是创造的果实。
>
> ——米尔

凡·高被送到了精神病院三等病人病室。这里是那么安静，这里的人不读书、不讲话、没有多余的活动，每天除了吃饭、睡觉、上厕所而外，几乎长时间地保持着同一个姿势和同一个眼神，只有当他们发病的时候才会发出各种令人恐惧的声音，说出语无伦次的话，做出令人费解的动作。

负责治疗凡·高的是佩隆大夫，他告诉凡·高像他这样患有癫痫病的病人必须像他的病友们一样保持绝对的安静，不能让自己激动，所以他不能读书、不能工作。

凡·高开始和他的同伴们一样无所事事，他经常迈着蹒跚的脚步在花园里走动；在自己的病床上抽烟；晚上睡觉时他便把随身带来的德拉克洛瓦的书贴在自己的心口上，虽然他还不能读大师的著作，但是黑暗

之中他的精神与大师同在，这使凡·高得到少许的安慰。

凡·高经常站在窗前，眺望远处绿色的山峦，远处的天空显得高远莫测，苍凉的松树映衬其上，就像一幅精致的油画。这样的景象已不再使他感动，他甚至连一丁点拿起笔来把它们画下来的想法都没有。在窗前，除了思索自己的一生，他什么也干不了。他又想起海牙、博里日纳、布拉邦特和巴黎以及令人厌恶的阿尔，尽管那里留下了他太久的失落与遗憾，让他承受了太多的欢乐与打击，但它们还是可爱的。它们给了他激情与创作的源泉。每一处都令他心驰神往。现在，他成了需要别人来监护自己灵魂的病人，仅仅

→圣雷米的圣保罗医院

是因为他遭受了外界人沉重的伤害。

凡·高在窗前站着，烟斗里的烟丝发出嘶嘶的燃烧声，他决心严格约束自己，准备有一天他能再拿起画笔时让工作的欲望和力量能迅速集中起来。为此，他努力控制自己，勇猛地阻止着那些让他失望与沮丧的念头。

提奥来信了，他和乔安娜已经结婚了。提奥的健康不佳，凡·高在信中恳求乔安娜给在饭馆里吃了10多年饭之后的提奥做些可口的荷兰饭菜。

来到圣雷米40多天后，凡·高的病情明显好转。佩隆大夫允许凡·高做少量的工作，并给他开辟了一间小小的画室，这间屋子面朝斜坡上的一片麦田。凡·高立即画下了他从窗户中看见的这一景象：画面的前景是麦田，麦田里的麦子倒在地上；沿斜坡有道墙；越过几片树叶呈灰色的橄榄树，远处有几处茅草屋和小山；天空中一大片灰色的云淹没在碧蓝的天空

中。当他画完这一切时，他满心欢喜地回到病房。在大自然面前，他的热情再次展现出来。他给提奥写了一封长信，提出让他寄些颜料、画布、画笔和书来。

翌日早晨，太阳出来了，黄灿灿热辣辣的。花园中的蝉也像凡·高一样高兴地迎接新的一天，发出刺耳的叫声。凡·高拿出画架，画了松树、灌木丛和山路。他的病友们围拢来聚在他身后默默地看他作画。凡·高觉得他们发病时那样可怕，但是他们至少比阿尔人可爱许多。下午，凡·高找到佩隆大夫，请求允许自己到野外作画。佩隆大夫尽管对此持怀疑态度，但还是允许他每天进行少量的室外工作。

这样，凡·高又可以工作了。他终于走出了精神

→ 圣保罗医院花园里的树

病院的大门，可以像个正常人一样工作了。凡·高的心里快乐无比。他拿着画架在病院前后的山上寻找美丽的景色。每天早晨太阳升起时他带着一块白画布出门，夜晚回来时那上面便是五彩缤纷的世界。

凡·高开始贪婪地吞下那些在他看来肮脏的病院饭菜，以保证有充沛的体力来工作。于是，在阿尔工作的习惯又恢复了，他没完没了地画山、画树、画麦田、画小路。当他看到自己的作品又如往日般慢慢成摞时，他兴奋得比作画时还要激动。

他又变成一个自由人，正常人了！

提奥寄来了钱，凡·高获准回阿尔一趟，取回他被扣在阿尔的那些画。他像一个健壮的运动员一样奔向阿尔，然而当晚他却没有如约回到精神病院。第二天，人们在半路上发现他面朝下倒在一条沟里。凡·高又犯病了，3个星期之后他才清醒过来。

他又像刚入院时那样被人抱进了病房。他的情绪再次极度沮丧，尤其是当那些病友们犯病时他简直不敢看他们，因为从他们那里他能知道自己神志不清时的样子，而那就意味着他不能思考、不能工作。

凡·高要求继续工作，遭到了佩隆大夫的拒绝，但是他愿意听听提奥的意见。结果，提奥来信，希望大夫让凡·高画画，因为那是他的生命。这样，凡·高重新回到了画室，而且有时还可以到室外作画。圣雷米的迷人风光重新回到了凡·高的画布上，关于犯病的阴影也逐渐在他的记忆中褪色。

凡·高发现，他的画正在取得显而易见的进步，

→麦田与柏树

圣保罗医院花园里的树

他心里想等他的病好了以后，便在圣雷米租间房子，继续画这里的太阳。然而，一天下午他在田野上作画时再次犯病，人们找到他时他全身扑在一棵丝柏树上，那是近期他经常描绘的景物之一。

凡·高清醒后，佩隆大夫不再允许他到野外绘画。凡·高则几个星期里也没有心思到外面走动，他坐在

病室里读提奥的来信，读提奥从巴黎寄来的书。

几天以后，他收到一封挂号信。凡·高撕开信封，看到里面有一张以他的名字开付的400法郎的支票，他从来没有过这么多钱，他不明白这是怎么一回事。他急忙忙打开提奥的信，那上面写道：

亲爱的文森特：

好不容易啊，你的一幅油画卖了400法郎，那是你去年春天在阿尔画的《红色葡萄

红色葡萄园　1890年，这幅"红色葡萄园"以400法郎的价格卖给了比利时画家安娜·波许。这也是凡·高生前唯一卖出的油画。几个月后凡高就自杀了……安娜·波许的哥哥Eugene Boch是画家和诗人，凡·高曾为他画过一幅像。

园》……

　　凡·高从头至尾看完了提奥的来信，伸手摸了摸那400法郎的支票，便顺着小路跑了下去。他那空白的头脑突然重新布满了各种念头。在穿过花园时，他发现只拿了支票，把信忘在大夫那里了……

　　晚饭时，凡·高收到提奥的电报，告诉他乔安娜生了一个孩子，孩子以伯父的名字命名，也叫"文森特"。

　　一连串的好消息，使凡·高忘乎所以，第二天一早他便收拾了画具，临摹德拉克洛瓦的《善心的撒马利亚人》、米莱的《播种者》和《挖掘者》。

　　一个星期后，提奥的邮件又到了，其中有一份

《法兰西信使》杂志的1月号复印件，提奥在扉页一篇题为《孤独的人》的文章边上做了重重的记号。凡·高打开了读这篇文章，文章是写文森特·凡·高的！这位署名G.阿尔贝·奥里埃的人把他比作一个勇猛的斗士，又把他比成了一个单纯的孩子。

他的创作活力完全恢复了，他画身边所有的人和物，描摹大师的作品，日夜不停地工作。同时，他开始正视自己的疾病，他仔细回顾自己的病史，判断出他的癫痫病每3个月发作一次，只要他留心照顾自己，便可以安全度过危险期接着工作。

在下一个3月快要过去的时候，他顺从地提前躺倒在病床上，等待发作。然而3天过去了，竟然什么也没发生。他开始嘲笑自己，嘲笑医生，计划着第二天早上的工作。但是就在深夜，他悄悄下了床，光着脚走到地下室，抓起一把煤抹了一脸，嘴里说着博里日纳、丹尼斯太太以及矿

→圣保罗医院的门廊

圣雷米附近的山

工等等。

等再次神志清醒以后，凡·高知道他的病已经在他的身体里扎了根。他重新回到画室，但是他的画中却再也画不出大自然的活力来了。他写信给提奥，希望能回到北方，这样也许能对自己更好些。不久，提奥来信告诉他，有一位住在奥维尔的精神病专家兼画家伽赛大夫十分欣赏他的作品，他可以到那里边工作边接受治疗。

春天的天气有些闷热，凡·高画着自己的病室，一边计算着自己发病的日期。5月份再次发病后，凡·高离开了圣雷米。他坚持单独旅行以证明他并不是一个不能自己照顾自己的病人。

→圣保罗医院的走廊

热爱生活

> 我生为真理生，死为真理死，
> 除了真理，没有我自己的东西。
> ——王若飞

　　乔安娜站在自家的阳台上，努力朝离他们家最近的那个火车站方向张望着。她已经这样站了很久，心里隐隐担心文森特·凡·高在火车上出了什么事。然而，她的担心显然是多余的。终于，她看见两张笑脸从胡同口转了过来，当他们看见她的时候，一起朝她挥起手来，在乔安娜的心里她的这位大伯子应该是一个很虚弱的人，但是现在她发觉他比自己的丈夫提奥还壮，他完全是个正常人。

　　凡·高随着提奥走进卧室，那个和他同名的婴儿在摇篮中睡着了。凡高低下身来仔细看着孩子，眼中含着泪花。多少年来他一直在无妻无儿无家的世界上飘荡，那种深刻的孤独感使他对眼前的这个孩子产生了一种深深的眷恋。

　　当晚凡·高在巴黎的许多朋友都到提奥家来看他，

往日喧闹而热烈的气氛又围拢在他们周围。虽然他们离开的日子并不长，但是他们中间的许多人已不是从前的那个样子了。劳特累克和凡·高一样得了精神病，修拉在病中奄奄一息。他们全都和凡·高一样，由于无休无止地拼命工作，无休无止地和那个强大的对立面作斗争而过早地耗尽了生命。

→文森特·威廉姆·凡·高（凡·高的侄子）

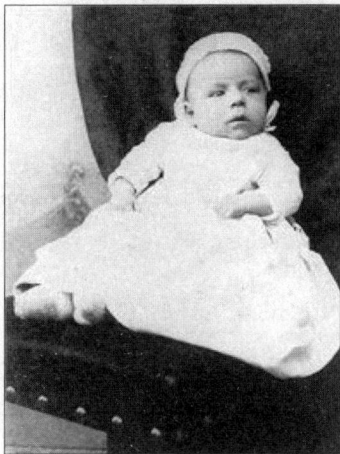

1960 年，文森特向文森特·凡·高基金会求助。在以后的 13 年里，他全身心地投入了建造凡·高博物馆的工作中。和他的母亲一样，他对伯父的遗作倾注了极大的热情。他的孩子和外孙今天都活跃在文森特·凡·高基金会。

第二天提奥上班去了，凡·高替乔安娜把婴儿车搬到街上，好让孩子多晒一会儿太阳。接着返回屋子。提奥的家里挂满了他的画，《吃土豆的人》《阿尔风光》《罗讷河夜景》《开花果园》等等。他在这些画前走来走去，无意中发现一大捆用绳子捆起来的信，他惊诧地发现提奥把自己从离开布拉邦特到他不久前来巴黎近 20 年的信一封不缺地保存了下来，整整 700 多封；在房子的另外一个地方，他还发现他过去 10 年中寄给提奥的素描也全都按时间先后整

← 茅草覆盖的村舍

齐地排列好了，从博里日纳的矿工妻子到圣雷米的精神病院的花园。

凡·高为提奥如此精心入微的举动而激动，也为自己10年来的成果而激动，他突然间产生了一个念头。他从屋子里找到所有自己的作品，仔细地把它们按时间先后分好类，然后选出其中的优秀作品，开始在屋子里分门别类地把它们悬挂起来：门厅是第一室，他在上面钉了30幅初期的习作，上面有博里日纳人的各种身影；第二室在浴室，那里有布拉邦特的农民和风景；第三室在厨房，这儿有他在海牙时的写生作品，大部分是水彩画；第四室是备用客房，那里则是纽恩南的织工、农民以及父亲供职的那座教堂；第五室是

他自己的卧室，挂起了他在巴黎所作的油画；第六室是起居室，那里是一幅幅迸射着阿尔夺目的太阳光的作品；第七室是提奥的卧室，那是他在圣雷米时所作的油画。把这一切工作都做好后，凡·高一反常态，仔细地把屋子打扫得干干净净，穿上漂亮的外衣，若无其事地下楼继续陪乔安娜推着与他同名的侄儿在街头散步。

中午12点时，提奥回家，看见他们便撒腿跑了过来，抱起孩子说起自己的工作。他们一边说，一边上了楼。在家门口，凡·高突然停住脚步，转过身来对着提奥、乔安娜和孩子宣布，他打算领他们去参观一位名叫文森特·凡·高的画家的画展。

→奥维尔的房子

从葡萄院看到的奥维尔

门打开了，提奥和乔安娜环视四壁，惊呆了。他们的家一下子变得那么富丽堂皇，凡·高的每一件作品都在那里讲述一个人在世间逗留的10年中的喜怒哀乐。他们觉察到了一个伟大的画家缓慢而痛苦的进程：博里日纳时的萌动，巴黎时的巨变，圣雷米时的痛苦与希望中的完美。他们以陌生人的眼光浏览着眼前的一切，就像他们从来没见到过这位画家的作品一样。

几天后，提奥陪凡·高来到了奥维尔。迎接他们的伽赛大夫是个有些神经质的小个子，眼睛里似乎永远留有一丝忧伤，即使在他笑的时候也是如此。他显然很兴奋，因为他所崇拜的又一位画家就要和他生活在一起了。以前经常出入他家里的有库尔贝·马奈、

雷诺阿、德加以及莫奈等等，而现在又是这个把向日葵画得那样生动的文森特·凡·高。

把凡·高安排好后，提奥回巴黎去了。伽赛医生仍然没有从兴奋中冷静下来，他带凡·高去奥维尔的林间散步，喋喋不休地描述和议论他感兴趣的所有话题。

凡·高在一家叫拉伍的小饭馆住了下来，这是奥维尔附近农民和工人聚集的地方，每天在工作之余那些人都愿意在这里聊天。凡·高可以从他那间房子的窗口望见教堂的尖顶和一片墓园的围墙。不知道为什么，看见那片墓园，凡高心里竟有一种莫名的喜悦。

凡·高拿着画具经常到伽赛大夫家的园子里作画。在凡·高作画的整个过程中，这位大夫始终围着他团团转，对凡·高所画的每一笔都表现出他的惊喜、诧异的表情。他边看、边建议、边感叹，然后也会神情沮丧地感叹自己一辈子都没能画出过一幅像样的油画。

凡·高把一幅他在阿尔时画的女人像

→伽赛医生

奥维尔的乡村小路

送给了伽赛，他高兴得手舞足蹈，整个一个下午都在打听关于阿尔和阿尔女人的话题。然后他领凡·高参观了他的收藏室，那里有许多名画家的作品，完全可以开一个大规模的画展。凡·高也很兴奋，但是他对大夫对一些作品并不妥善保管感到愤怒，因此大喊大叫。

凡·高又到野外作画了。奥维尔的早晨天高云淡，风和日丽，山谷里一片翠绿。然而，经过几次周期性的癫痫病发作以及他在圣雷米长时间的闲散生活之后，他的手有时已经拿不住画笔。起初他还要求提奥给他寄些素描供他临摹，计划找一个像阿尔黄房子一样的房子。但这一切只是瞬间的一种姿态，是由于他多年工作所形成的惯性。

　　经过在精神病院的长期隔离和疾病的折磨，他已经习惯于等时间，等时间一分一秒地过去，而不像他在阿尔或别的什么地方作画时总显得时间不够用。与之而来的是，他对大自然的反应也迟钝了，那些景物很少能使他激动起来。现在，他作画时已不再激动，平静得出奇，他之所以绘画只是因为他需要这样工作来打发时日。如果到天黑他还没画完一幅画，他也觉得无所谓。

　　伽赛是他在奥维尔唯一的朋友，这位好心人每天到拉伍饭馆来看望凡·高。几天后，凡·高给他画了一幅肖像。画中这位大夫头戴白帽，身穿蓝色外衣，背后衬着钴蓝色的背景；伽赛倚着一张桌子，他的手和脸一样显出浅浅的肉色；桌子上放着一本黄色的书和一枝开着紫色花朵的指顶花。画中大夫的眼神里依然是一丝忧伤，使凡·高感到有趣的是这眼神和他在阿

→ 伽赛医生像

←在花园中的玛格丽特·伽赛

尔高更没来之前的一幅自画像十分相像。凡·高不明白，是他看到了大夫眼中的忧伤还是大夫在他作画时看见了他眼中的忧伤。

夏天的一天，凡·高画山上的教堂，还没到下午他虚弱的身体已经疲惫不堪，他甚至不想把它画完了。他又试着画了麦田、房子、黄昏，然而，画中那些景物的活力已经消失了，他觉得它们平淡无奇。回来的路上，他一直喃喃自语，反复说着米莱的那句话：如果言之无物，倒不如索性不说。

他对大自然的爱仍然一如既往，只是他不再觉得有必要把它们画在画上。他之所以还画它们，只是一种生存的需要；另外他觉得37年来他欠提奥的太多，而他唯一能回报的只有绘画，或许今后弟弟能从中有

所收益。有时他甚至对作画有些反感，整整1个月他只画了5幅油画。

与此同时，他也担心自己的疾病，而且经常想象发病时的样子，唯恐会出现什么事给村里人和伽赛大夫无由的伤害。

而就在此时，提奥的孩子病了。这让他发狂，他在忧虑中忍无可忍，不得不返回巴黎看望他的同名人。提奥显得苍白而憔悴，凡·高感到发生了什么不幸的事。最后提奥告诉他，由于凡·高家族在古比尔的股份所剩无几，再加上他一贯固执地为那些印象派画家开辟展室，所以古比尔威胁他要他辞职。

→凡·高名画——奥维尔小镇

凡·高在巴黎待了几天，他和提奥一样为全家人今后的生计而忧虑。他一反常态，尽量小声说话，轻声走路，害怕惊扰了病中的孩子和提奥。

回到奥维尔，一切都变得安静下来。但是安静于事无补。他有时安静地坐在饭馆里好几个小时不声不语，有时盲目地乱捅弹子球。他试着作画，但是没有激情，他知道他生命中最好的时光已经死去了。在炎热的中午，他经常去从

← 拉武女儿爱德琳·拉武像

他房间的窗口所能望到的墓园，仰面躺在那里，嗅着大自然的芬芳。在伽赛大夫家，大夫依然热情地谈论他的作品，然而凡·高拒绝承认大夫说的那些是他的作品，他甚至认为自己从来没画过画。

一天，他又到伽赛大夫家做客。当他看见大夫仍然把那些名画家的画随便乱扔时，他像一头发怒的狮子一样吼叫起来，要大夫立刻把他们妥善收藏起来，不允许有一分一秒的延误。他凝目注视了大夫一会儿，朝他走近一步，然后把手放进外衣口袋。伽赛大夫觉得凡·高似乎正握着一把左轮手枪隔着外衣指着他。大夫吓得大叫一声，凡·高哆嗦了一下，垂下眼睑，沮丧地跑出了大夫家。

　　第二天，他又背上画具在墓园对面的麦田坐下来。中午烈日炎炎，天空中出现了一群黑色的鸟，它们铺天盖地而来，经过时从凡·高的身旁疾速掠过，它们的翅膀在他周围晃动，打在他的脸上、身上，使凡·高觉得眼前一片漆黑。凡·高接着画，画下了黄色麦田上的鸟群，然后在角上写了《麦田上的乌鸦》几个字，回到拉伍饭馆，倒头便睡。

　　第三天下午，凡·高上了山，然后坐在一棵树下。过了一会儿，他在麦收后的耕地上徘徊。他想了很多，他想到了已经是别人妻子的乌苏拉，不知所终的凯，面包房里的丹尼斯太太，可怜的克里斯汀，已经去世的毛威，世上唯一真心爱过他的马格利特，已经被关进精神病院的劳特累克，由于过度劳累而夭折的修拉，沦落为乞丐的高更，隐居深山的塞尚，还在阿尔的邮递员罗林，以及近在咫尺的伽赛大夫。他感谢所有这

→麦田上的乌鸦

些他的朋友在这10年里给过他的关怀，他们都曾在自己最艰难的时候给过他无私的帮助，而他对他们现在的所有处境无能为力，不能分担他们的忧愁，不能分享他们的快乐，他自己是这么一个无助而无能的人。最后，他想到了提奥，这个曾经为了他而经受苦难，现在却内外交困的好弟弟。

他又想起了他的画，然而此时他无法用他的笔把——告别——画下来，他仰起头，面对着太阳，把左轮手枪顶在自己的肚子上，扣动了扳机。

凡·高自杀的并不彻底，4个小时后他摇摇晃晃地返回了拉伍饭馆。拉伍太太看见他身后拖了一路的血迹，马上跑去请来伽赛大夫。第二天早晨提奥赶到了奥维尔，一见到凡·高，提奥便跪下来，像抱着一个

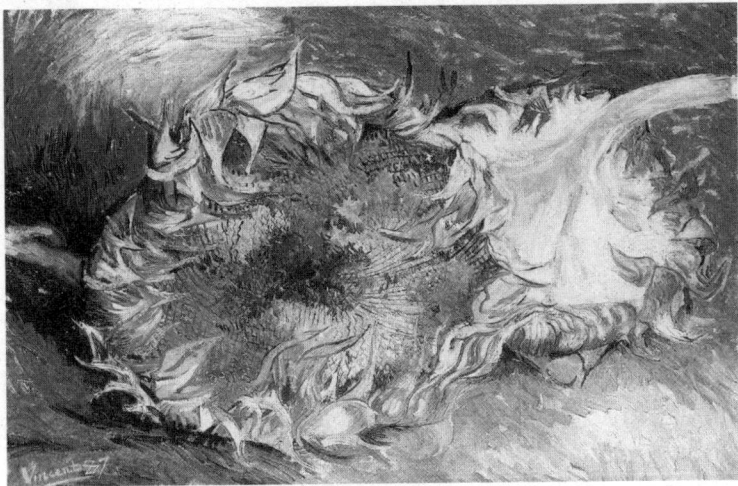

孩子一样把哥哥抱在怀里。他说不出话来，他太了解哥哥此时此刻的心情：他的哥哥在 10 年里受尽屈辱，把自己全部的生命过早地交给了他喜爱的艺术，所以当他再也画不出好作品时他是无法继续活下去的；他更了解，他的哥哥多么爱他，他不愿意在他内外交困的时候以自己的多病之身再增加任何一点负担。

伽赛大夫把提奥叫到外面，伤心地摇着头，他告诉提奥他不能把子弹从他哥哥的身体里取出来，因为他太虚弱了，经不起这样一次手术。但他知道，他的哥哥是一个铁打的强人，因为他本来会马上死在田野上的，可是不知道是一种什么强烈的意志支撑他活到了现在。

整整一天，提奥守在哥哥的床边，握着哥哥的手。夜色来临，屋子里只剩下了他们两个人，他们又开始轻轻谈起他们在布拉邦特度过的童年，谈起莱斯维克的老磨坊，谈起仲夏时的麦田，谈到家里花园的刺槐树，谈起他们的妈妈做好的奶酪饼。最后，凡·高还问起小文森特的健康，设想自己未来的画展。

奥维尔的夜是那么宁静，谁也不愿打搅这兄弟两人的交谈。早晨1点刚过，文森特·凡·高微微转了一下头，喃喃地说："我现在能死就好了，提奥。"过了几分钟，凡·高闭上眼睛，离开了这个世界。

←向日葵

← 星空

永远的向日葵

> 勤劳一日，可得一夜安眠；勤劳一生，可得幸福长眠。
>
> ——达·芬奇

罗苏、奥里埃以及巴黎的一些朋友参加了文森特·凡·高的葬礼。他们把文森特·凡·高的画全部从他的房间和伽赛大夫家拿来，挂满了拉伍饭馆的四壁。昏暗的饭馆顿时辉煌无比。他们围绕在他的棺材边上，沉默不语。只有伽赛大夫还能讲话，他说：

"文森特没有死。他永远不会死。他的爱、他的才华、他所创造的非凡的美，将千古长存并为这个世界增添光彩。我禁不住时时要看他的画，每看一次，我都会从其中发现新的信念和人生的意义。他是一位巨人……一位伟大的画家……一位伟大的哲学家。为了他所热爱的艺术，他献出了自己的生命。"

伽赛大夫把凡·高的墓穴选在凡·高第一次到奥维尔时站立的地方。从这里可以一眼望见美丽的奥维尔。几天后，伽赛大夫在凡·高的墓旁种满了向日葵。

　　凡·高和弟弟的墓碑并行排列在墓地最北边的墙角下。两个并排的墓碑上分别刻着"文森特·凡·高长眠于此""提奥多尔·凡·高长眠于此"，此外再无其他只语片言。如今，陪伴着两人墓碑的也只有四季不变的常春藤。

　　……

　　提奥返回巴黎后，每天沉浸在无法减轻的巨大悲痛之中。6个月后就在凡·高去世的同一天，提奥也随之而离开人世。乔安娜把他的墓迁到奥维尔，葬在他哥哥的墓旁。奥维尔的烈日再次照到这片墓园上时，茂密旺盛的向日葵下文森特·凡·高和提奥·凡·高长眠于此。他们生前似乎只是为了做一对好兄弟而来到人世间，死后亦然如此。

　　……

凡·高生于1853年，死于1890年。

在他死后，他的画逐渐为人所知，而且声名日著，后人把他和塞尚、高更尊称为后印象主义的3位大师，成为19世纪末20世纪初影响整个世界的伟大画家。

44年后，有关凡·高生平的传记小说发行于世，现在已被译成80多种文字在全世界被人们所关注。

47年后，凡·高写给弟弟提奥的700余封信经过整理以自传体的形式发表，在全世界引起轰动，有人把他称为画家以外的哲学家和作家。

←向日葵